발 행 일	|	2024년 09월 01일(1판 1쇄)
개 정 일	|	2025년 09월 15일(1판 3쇄)
I S B N	|	979-11-92695-46-4(13000)
정 가	|	12,000원
기 획	|	컴벤져스
집 필	|	김민정, 김민화
진 행	|	김진원
본문디자인	|	디자인앨리스
발 행 처	|	㈜아카데미소프트
발 행 인	|	유성천
주 소	|	경기도 파주시 정문로 588번길 24
홈 페 이 지	|	www.aso.co.kr

※ 이 책은 저작권법에 따라 보호를 받는 저작물이므로 무단 전재와 무단 복제를 금지하며, 이 책 내용의 전부 또는 일부를 이용하려면 반드시 코딩이지의 서면동의를 받아야 합니다.

한글 2022 프로그램 화면 구성 알아보기

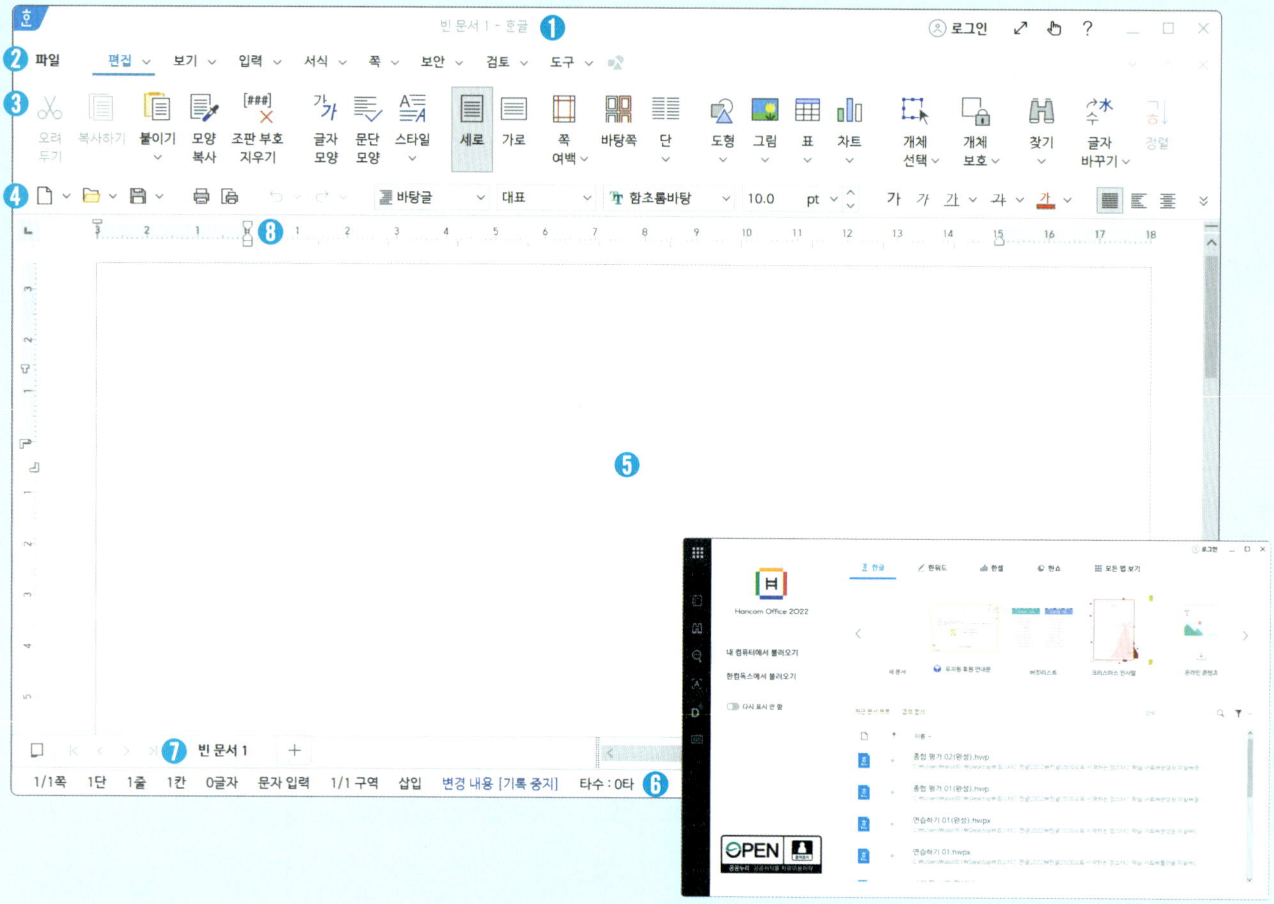

❶ **제목** : 프로그램의 제목과 최소화, 최대화, 닫기 단추가 있습니다.

❷ **메뉴** : 프로그램에서 사용하는 메뉴를 비슷한 기능별로 묶어 놓은 곳입니다.

❸ **기본 도구상자** : 각 메뉴에서 자주 사용하는 기능을 묶어서 메뉴 탭 형식으로 보여줍니다.

❹ **서식 도구상자** : 문서 편집에서 자주 사용하는 기능을 모아 아이콘으로 묶어서 보여줍니다.

❺ **문서창** : 글자나 그림과 같은 내용을 넣고 편집하는 공간입니다.

❻ **상황선** : 문서 창의 상태 및 커서가 있는 곳에 대한 정보를 보여주는 곳입니다.

❼ **문서 탭** : 작성 중인 문서와 파일명을 보여줍니다.

❽ **눈금자** : 개체의 가로와 세로의 위치나 너비를 알기 위해 사용되는 기능입니다.

한글 2022 꿈트리 ❷

▌ 이런 내용으로 구성되어 있어요!

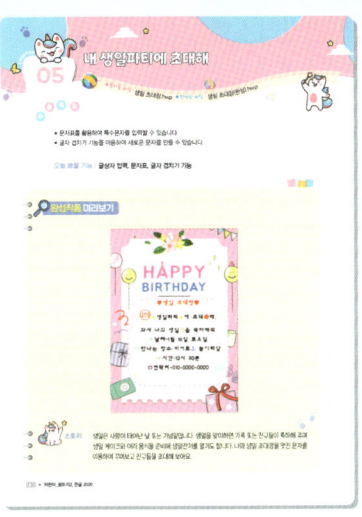

■ **완성작품 미리보기**

각 장별로 스토리를 소개하고 완성 작품을 미리 확인할 수 있어요.

■ **본문 따라하기**

한글 2022의 여러 가지 기능들을 체계적으로 학습할 수 있도록 구성되어 있어요.

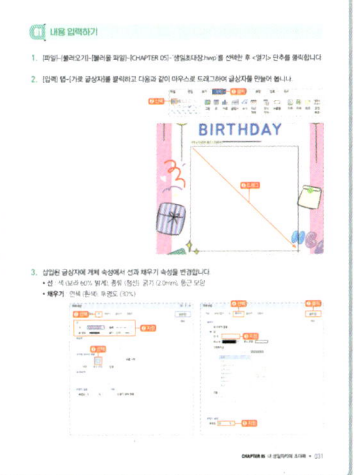

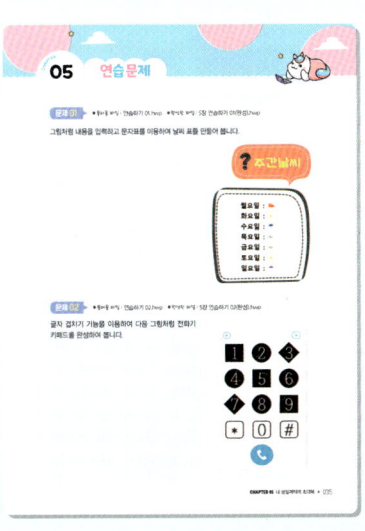

■ **연습문제**

앞에서 배운 내용을 다시 한 번 복습할 수 있도록 연습문제를 제공합니다. 그리고 중간평가와 종합평가로 배운 내용을 점검할 수 있도록 구성되어 있어요.

CONTENTS

CHAPTER 01
나는 누구지? 
006

CHAPTER 02
거울 속의 나 
012

CHAPTER 03
나의 버킷리스트 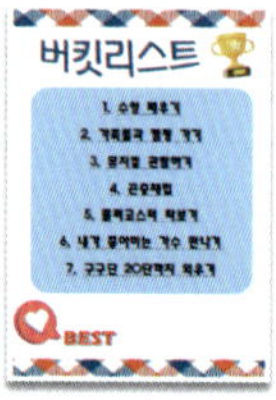
018

CHAPTER 04
내 이름은 한자로 ○○○입니다. 
024

CHAPTER 05
내 생일파티에 초대해 
030

CHAPTER 06
내 기분을 알려줘 
036

CHAPTER 07
내가 좋아하는 음식 
042

CHAPTER 08
좋아하는 과일 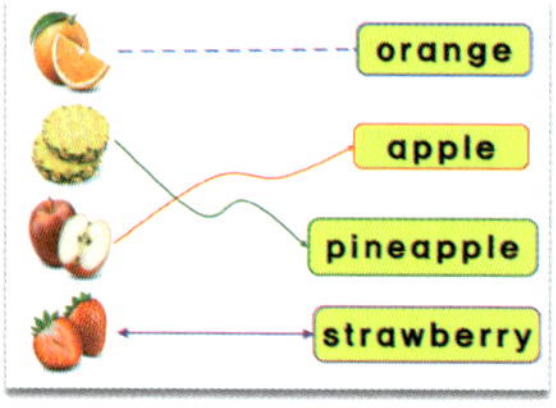
048

CHAPTER 09
내 취미는 ○○○이야 
054

CHAPTER 10
좋아하는 과목 
062

CHAPTER 11
내가 좋아하는 여행지는 어디야? 
068

CHAPTER 12
나의 하루 
074

한글 2022 꿈트리 ②

CHAPTER 13
우리 가족을 소개합니다.
080

CHAPTER 14
내가 만드는 캐릭터
086

CHAPTER 15
내가 좋아하는 게임
092

CHAPTER 16
나의 성장일기
098

CHAPTER 17
내 용돈은 소중해
104

CHAPTER 18
좋아하는 국경일 & 기념일
112

CHAPTER 19
알고 싶은 문화재 투어
118

CHAPTER 20
나의 존경하는 인물
124

CHAPTER 21
우리 동네 소개
130

CHAPTER 22
내가 좋아하는 글 적기
136

CHAPTER 23
나만의 명함 만들기
142

CHAPTER 24
장래희망 카드 뉴스
148

스스로 평가(01~12) 154
스스로 평가(13~24) 156

CHAPTER 01 나는 누구지?

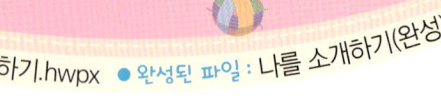

- 한글 2022 프로그램에 대해 알아봅니다.
- 저장된 문서를 불러 와 봅니다.
- 내용을 편집 후 저장해 봅니다.

오늘 배울 기능 : 한글 2022 시작, 열기, 메뉴, 글자 입력, 저장하기

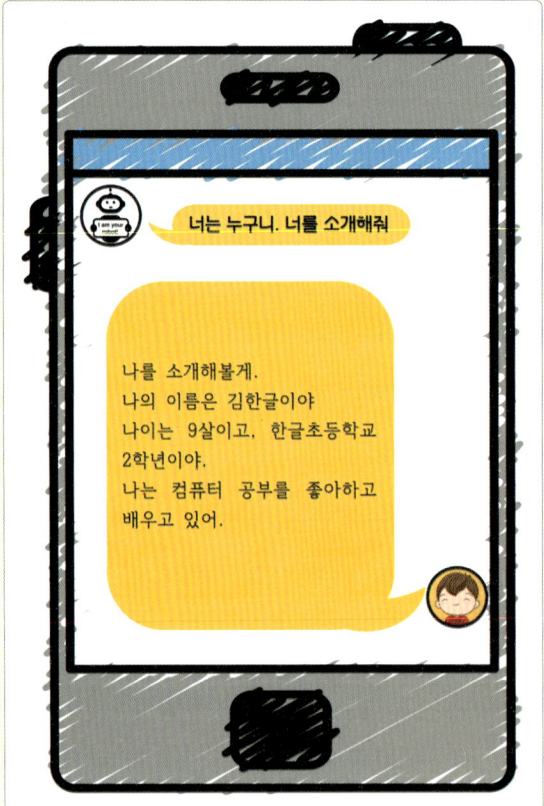

스토리 우리 반에 새로운 친구가 전학을 왔습니다. 새 친구는 오늘 나의 짝이 되었습니다.
부끄러워하는 나에게 "안녕"하며 먼저 인사해 줍니다.
씩씩한 새 짝이 나에 대해 궁금해하는 데 나를 뭐라고 소개해야 할까요?

한글 2022 프로그램 실행 및 문서 불러오기

1. 윈도우 [시작 버튼( )]-[모든 앱]-[한글 2022]를 클릭합니다.
   ※ 한글 2022를 실행하는 다른 방법은 바탕화면에 바로가기( ) 아이콘을 더블 클릭 또는 바탕화면 아래쪽 [작업 표시줄]에 [한글 2022]를 클릭합니다.

2. 한글 프로그램을 실행한 후 [파일]-[불러오기]를 클릭합니다.

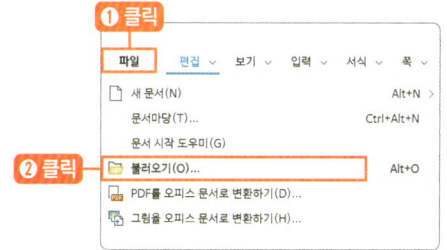

3. [불러오기] 대화상자가 나오면 [불러올 파일]-[CHAPTER 01]-'나를 소개하기.hwpx'를 선택한 후 <열기> 단추를 클릭합니다.

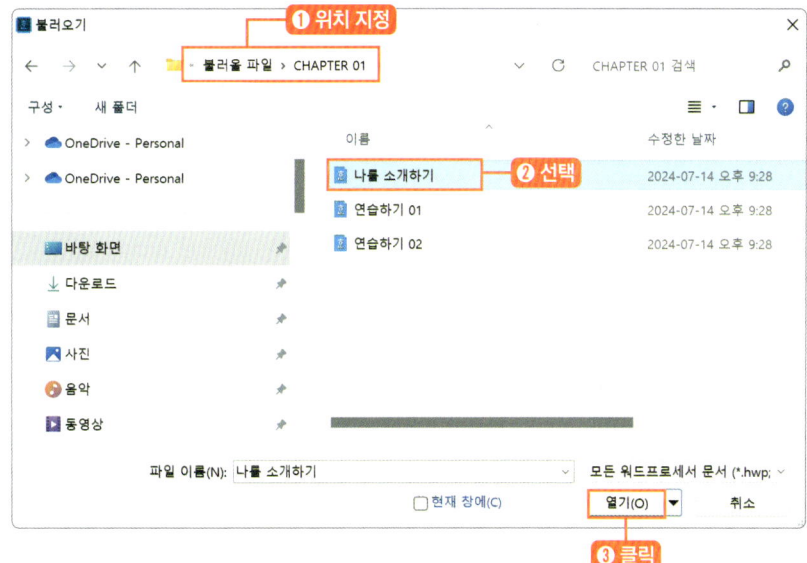

4. 다음과 같이 '나를 소개하기.hwpx' 파일이 열립니다.

글상자 텍스트 입력 / 저장하기

1. 노란 글상자 안을 클릭합니다.
   ※ 투명 글상자는 선택하지 않으면 빨간 선이 보이지 않습니다.

2. 글상자 안에 다음과 같이 내용을 입력합니다.

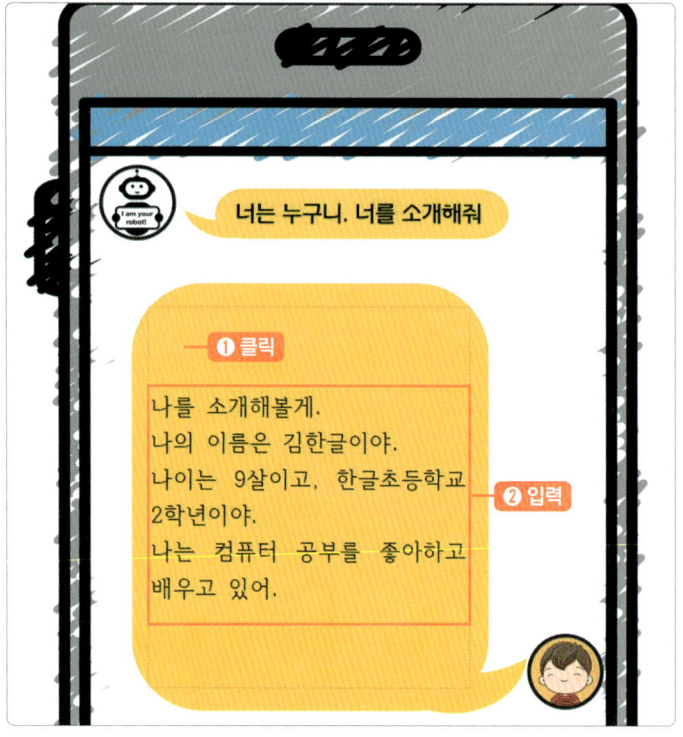

투명 선이 항상 보이려면?
- [보기]-'투명 선'을 선택하면 투명 선이 항상 한글 편집 창에 나타납니다.

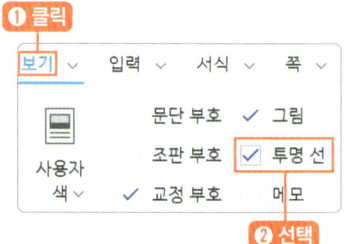

한글 2022의 단축키를 알아보자!
- Enter 키 : 줄을 바꿀 경우에 사용합니다.
- Delete 키 : 글자를 지울 때 사용합니다. 현재 커서 뒤에 있는 글자를 지우고 뒤에 있는 글자들을 앞으로 이동시켜 줍니다.
- Back space 키 : 글자를 지울 때 사용합니다. 현재 커서의 앞에 있는 글자를 지우고 뒤에 있는 글자들을 앞으로 이동시켜줍니다.
- Shift + + 키 : 화면 보기를 확대해 줍니다.(+ 키는 키보드 오른쪽 숫자판을 사용합니다.)
- Shift + - 키 : 화면 보기를 축소해 줍니다.(- 키는 키보드 오른쪽 숫자판을 사용합니다.)

3. 글상자의 내용을 모두 입력한 후 [파일]-[다른 이름으로 저장하기]를 클릭합니다.

[저장하기]와 [다른 이름으로 저장하기]의 차이
- [저장하기]와 [다른 이름으로 저장하기]의 기능은 기본적으로 같습니다. 즉, 문서를 저장하는 것입니다.
- [저장하기]는 불러온 파일에 작업한 내용을 이름 변경 없이 불러온 파일과 같은 이름으로 저장합니다.
- [다른 이름으로 저장하기]는 다른 이름을 지정하고 원하는 저장 위치를 바꿀 수 있습니다.
- 불러온 문서가 아닌 새 문서에서 처음 저장하면 [다른 이름으로 저장하기]로 저장이 됩니다.

4. [다른 이름으로 저장하기] 대화상자가 나오면 본인의 폴더를 선택한 후 이름을 '나를 소개하기(완성)'을 입력합니다. 이어서, <저장> 단추를 클릭합니다.

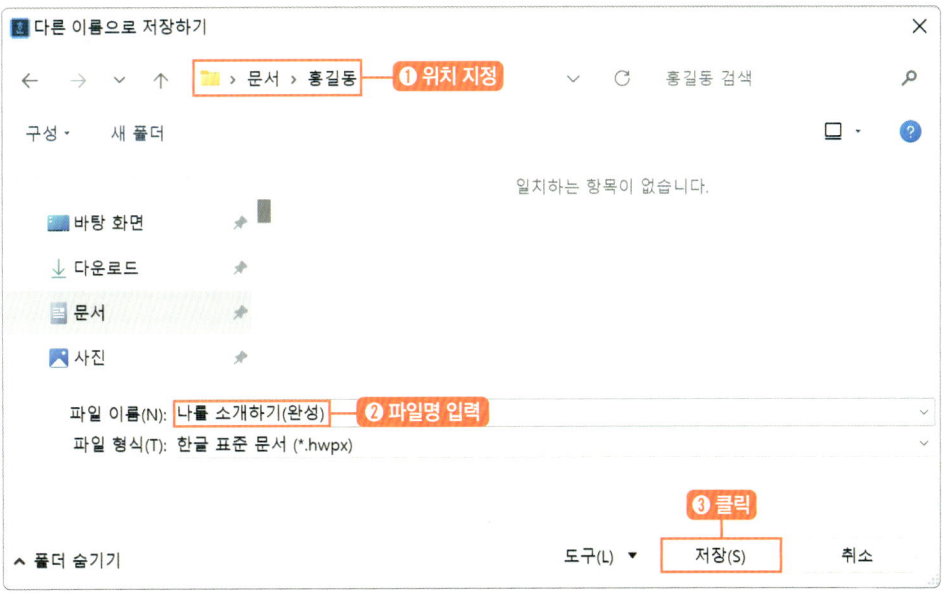

CHAPTER 01 나는 누구지? • 009

5. 다음과 같이 '나를 소개하기(완성).hwpx'로 된 것을 확인해 봅니다.

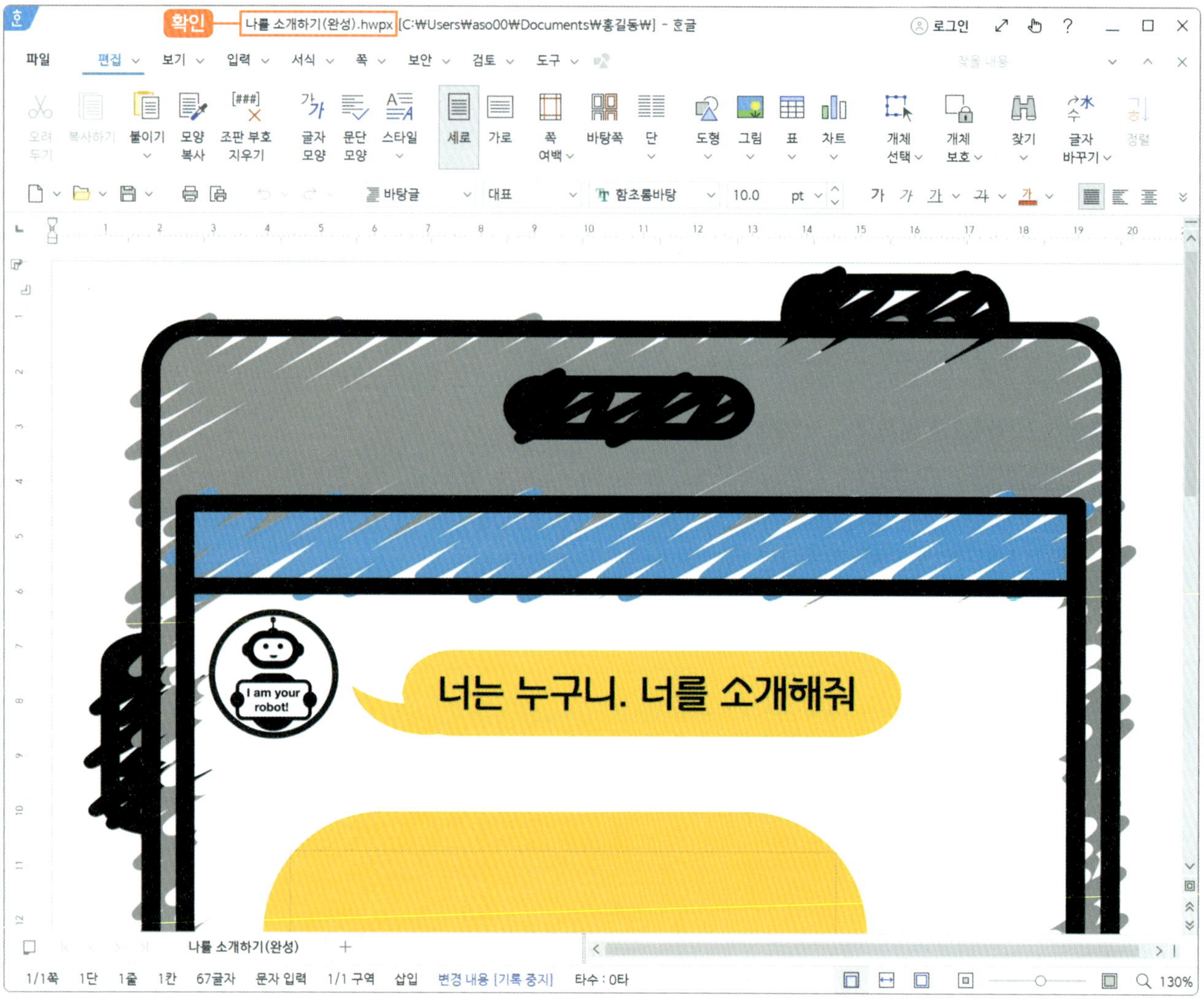

TIP

hwp와 hwpx는 한컴오피스의 문서형식을 표시하는 확장자입니다.
- hwp : 한글과 컴퓨터에서 개발한 전용 파일형식으로 아래한글 프로그램에서만 열 수 있습니다.
- hwpx : 개방형 파일형식으로 아래한글 프로그램 뿐만 아니라 다른 프로그램에서도 파일을 열 수 있습니다.
- 본 교재는 아래한글의 표준 문서인 'hwpx'를 사용합니다.
- 2025년부터 ITQ, DIAT 등 국가공인 시험에 'hwpx' 파일을 사용합니다.

CHAPTER 01 혼자 뚝딱

● 불러올 파일: 연습하기 01.hwpx ● 완성된 파일: 연습하기 01(완성).hwpx

문제 01 그림처럼 파일에 내용을 입력하고 저장해 봅니다.

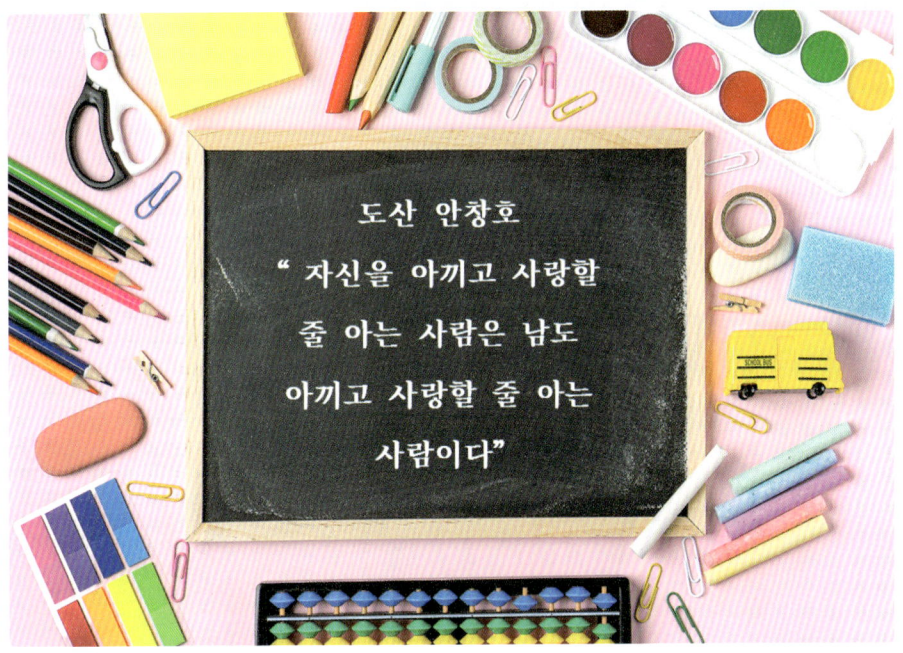

● 불러올 파일: 연습하기 02.hwpx ● 완성된 파일: 연습하기 02(완성).hwpx

문제 02 그림처럼 본인이 좋아하는 음식으로 오늘의 식단을 입력하고 저장해 봅니다.

거울 속의 나(내 모습을 소개하기)

● 불러올 파일 : 내 모습 소개.hwpx   ● 완성된 파일 : 내 모습 소개(완성).hwpx

- 문서에 내용을 입력해 봅니다.
- 글자 모양 기능에 대해 알아 봅니다.
- 글자 모양을 여러 가지로 바꾸어 봅니다.

오늘 배울 기능 : 텍스트 입력, 글자모양

완성작품 미리보기

스토리   나에 대해 좀 더 자세히 알아봅니다. 나는 거울 앞에 서서 찬찬히 나의 모습을 들여다봤습니다. 내 모습을 모든 사람이 알기 쉽도록 설명해 봅니다.

01 내용 입력하기

1. [한글 2022]를 실행한 후 [파일]-[불러오기]-[불러올 파일]-[CHAPTER 02]-'내 모습소개.hwpx'를 선택한 후 <열기> 단추를 클릭합니다.

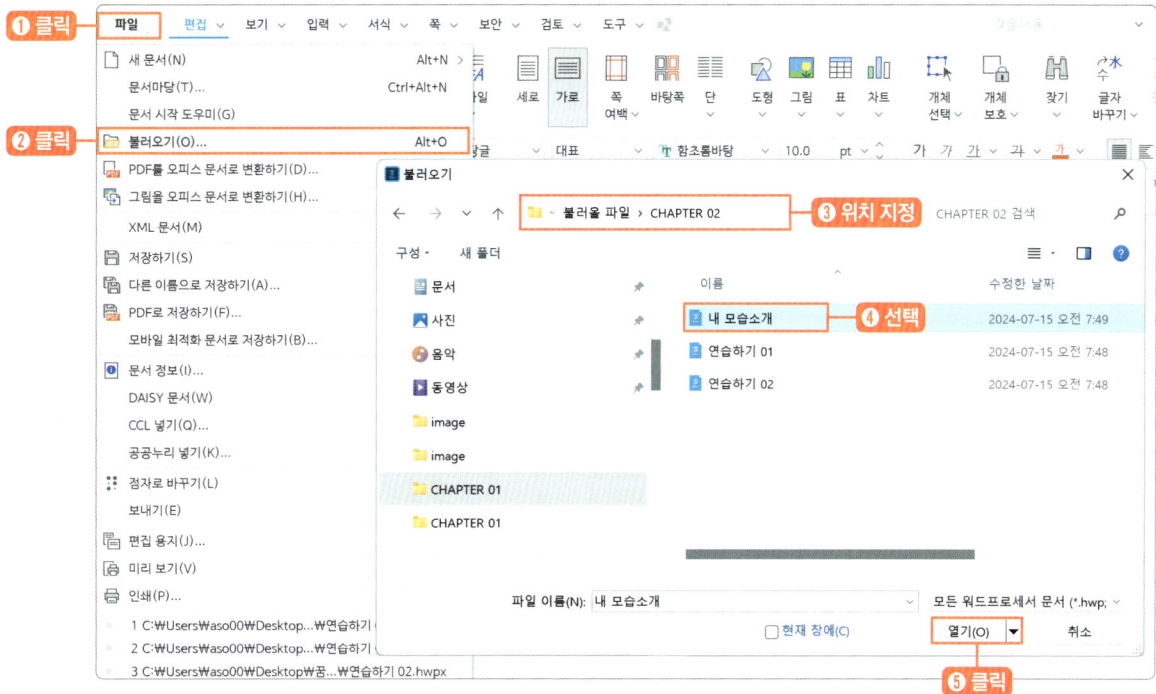

2. 첫 페이지 세 개의 글상자 안을 클릭하여 나의 모습과 이름을 각각 입력합니다.
   - 나의 모습을 자유롭게 입력하여 봅니다.

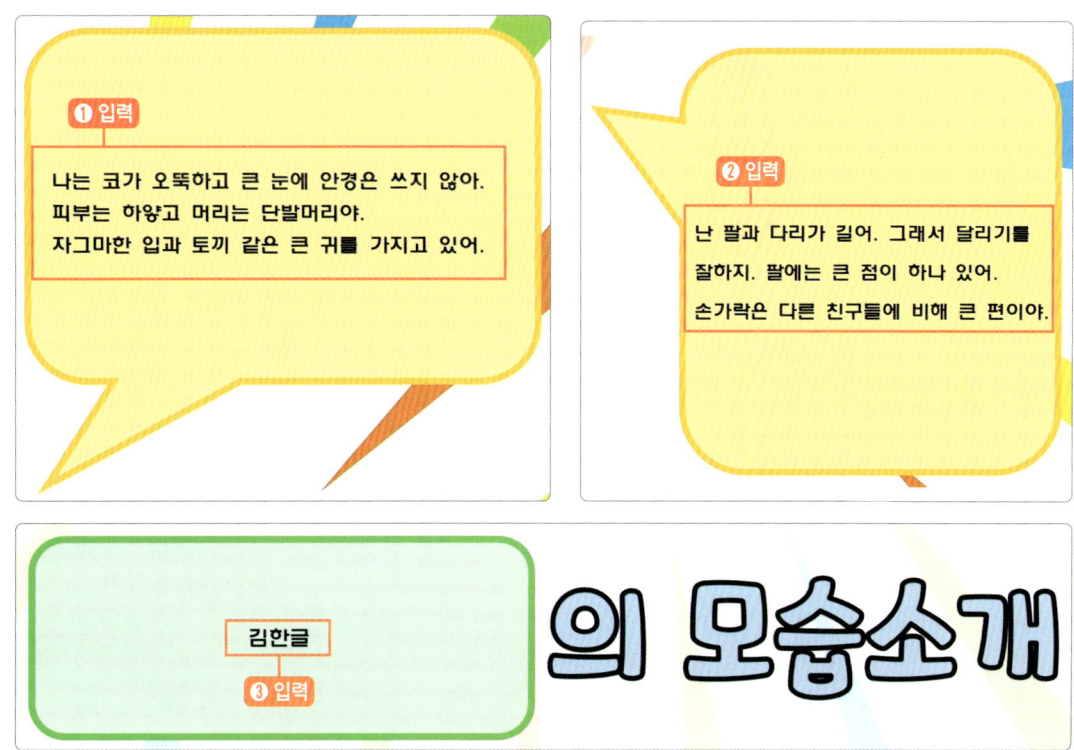

02 글자 모양 바꾸기

1. 글자 모양을 변경할 글자를 드래그하여 블록을 지정한 후 [서식] 탭-[글자 모양]을 클릭합니다.

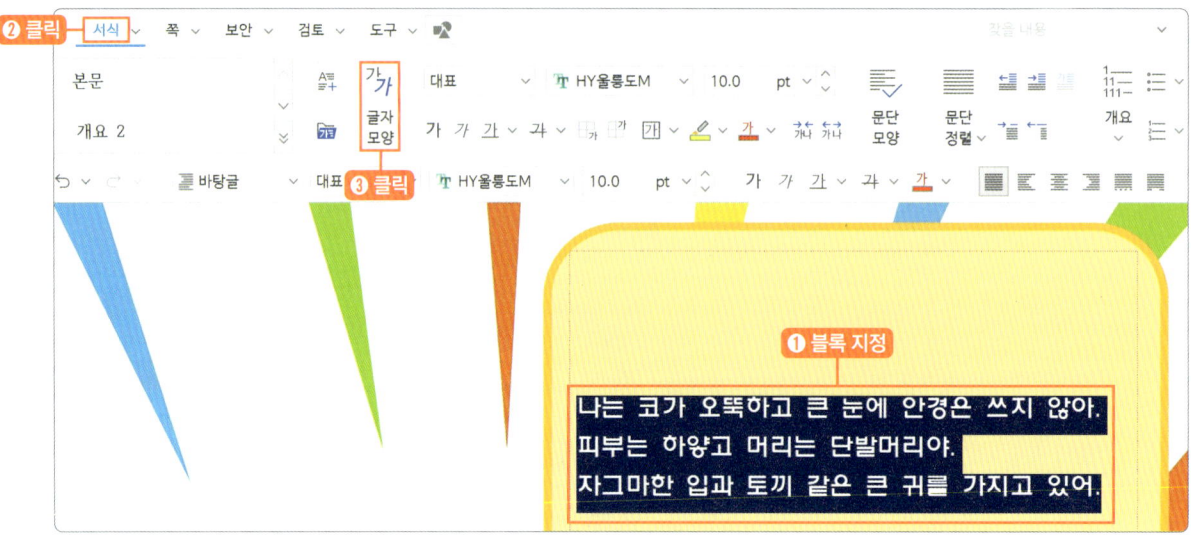

2. 다음과 같이 첫 번째와 두 번째 글상자의 글자 모양을 바꾸어 봅니다.
   - **글자 모양** : 글꼴(HY울릉도M), 크기(14pt), 글자 색(파랑), 밑줄

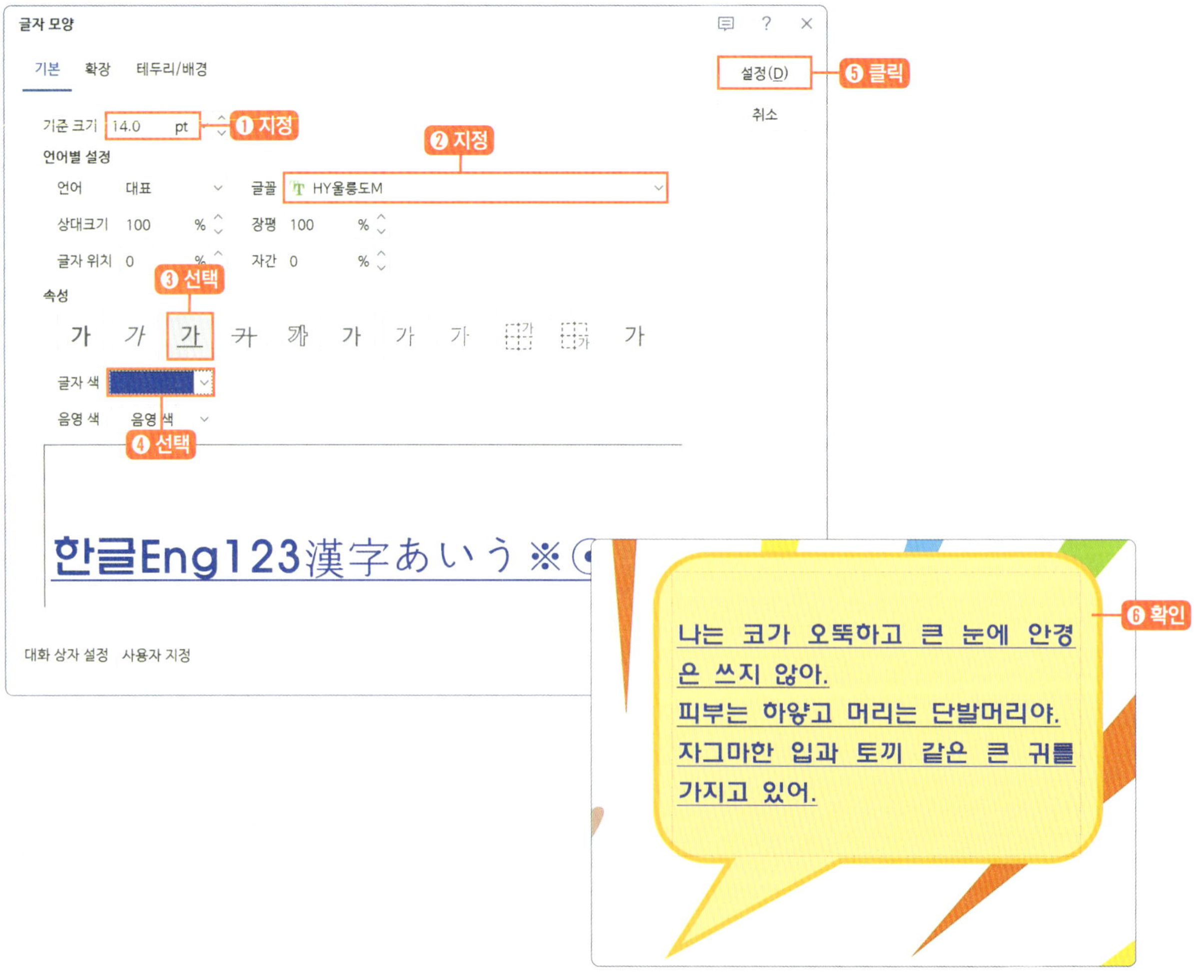

3. 이름을 드래그해서 블록 지정한 후 마우스 오른쪽 단추를 클릭하여 [글자 모양]을 클릭합니다. 이어서, 다음과 같이 글자 모양을 바꾸어 봅니다.

- **글자 모양** : 글꼴(HY동녘B), 크기(50pt), 글자 색(초록)

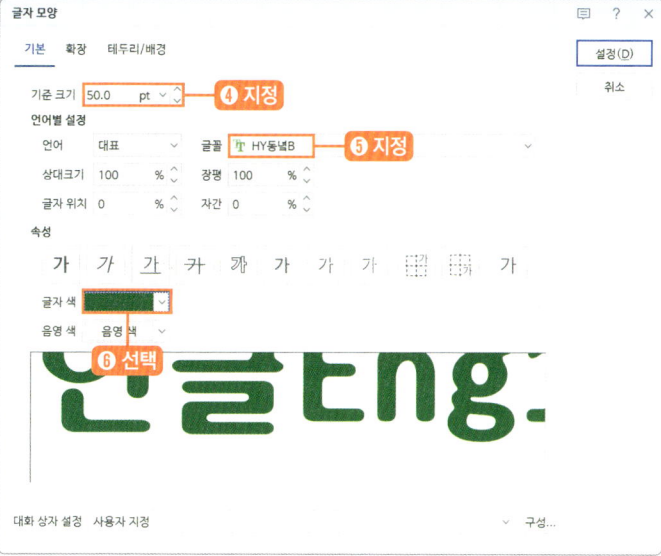

4. [확장] 탭을 선택하고 '강조점' 목록에서 모양( )을 선택합니다. 이어서, <설정> 단추를 클릭하고 변경된 글자 모양과 강조점을 확인합니다.

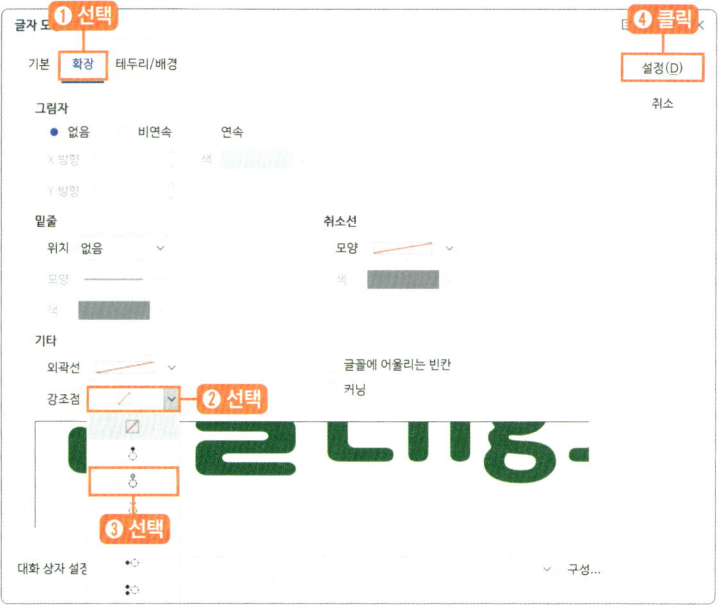

5. 이름의 색상을 변경하기 위해 '한' 글자를 드래그해서 블록 지정한 후 [서식 도구 상자]에 있는 글자 색을 이용하여 변경하여 봅니다. 이어서, '글' 글자도 변경해 봅니다.

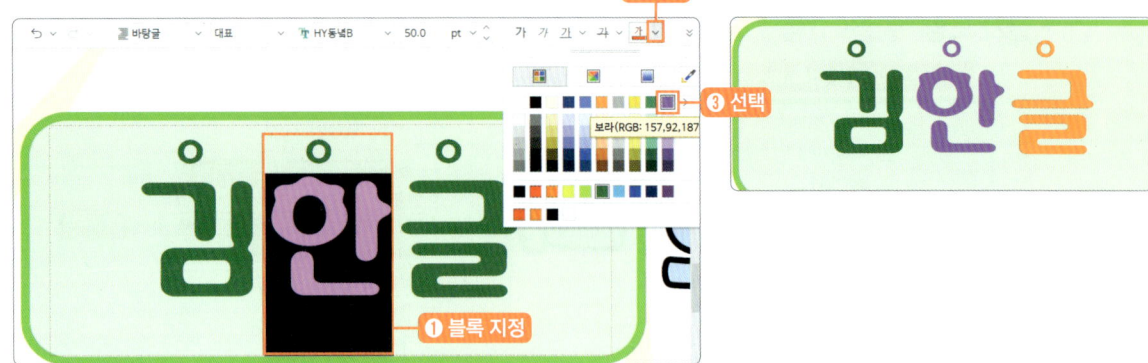

6. 첫 번째 글상자의 글자를 강조하기 위해서 바꾸고 싶은 글자를 드래그해서 블록을 지정한 후 글자 모양을 바꾸어 봅니다. 나머지 글상자에 입력된 글자도 자유롭게 글자 크기와 모양을 바꾸어 봅니다.

- **글자 모양** : 크기(17pt), 진하게, 양각, 음영 색(멜론색 40% 밝게)

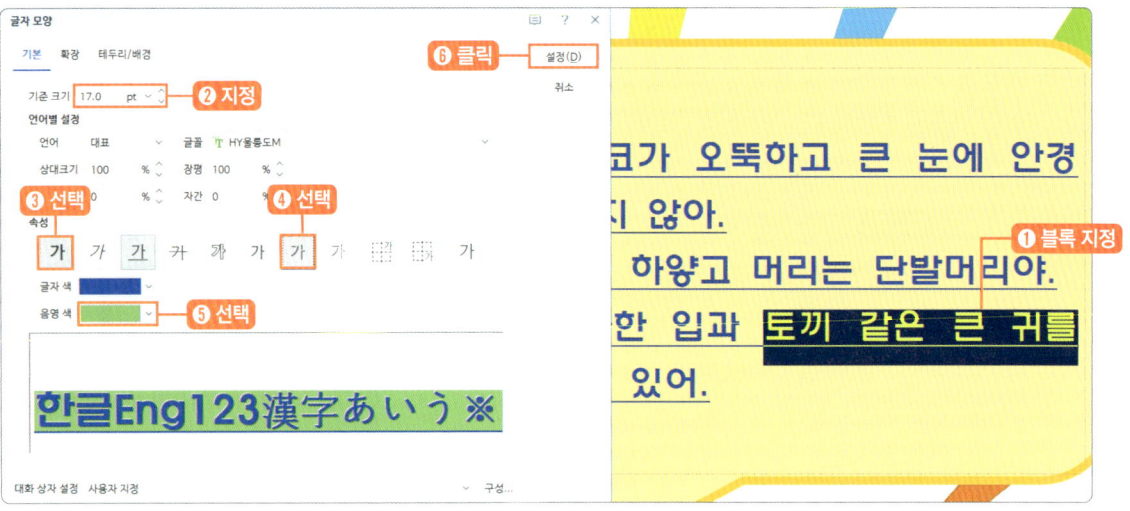

7. [파일]-[다른 이름으로 저장하기]를 클릭하고 [다른 이름으로 저장하기] 대화상자가 나오면 본인의 폴더를 선택한 후 이름을 '내 모습소개(완성)'을 입력합니다. 이어서, <저장> 단추를 클릭합니다.

CHAPTER 02 혼자 뚝딱

● 불러올 파일 : 연습하기 01.hwpx   ● 완성된 파일 : 연습하기 01(완성).hwpx

문제 01 그림처럼 파일에 내용을 입력하고 자유롭게 글자 모양을 수정해 봅니다.

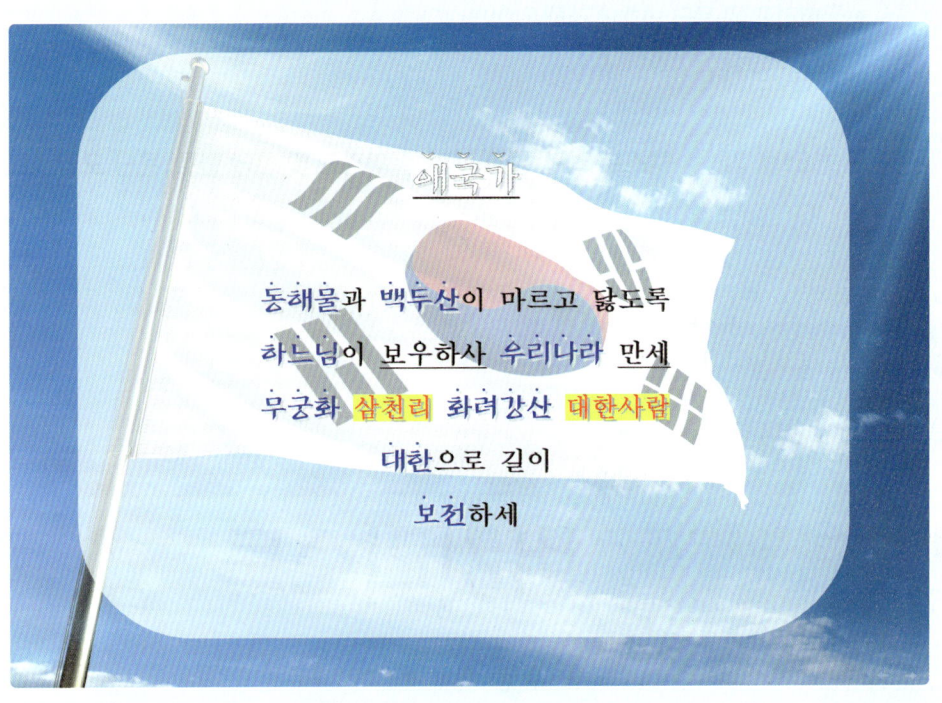

● 불러올 파일 : 연습하기 02.hwpx   ● 완성된 파일 : 연습하기 02(완성).hwpx

문제 02 그림처럼 본인이 좋아하는 노래를 입력하고 글자 모양을 바꾸어 봅니다.

참 좋은말

사랑해요 이 한마디 참 좋은 말
우리식구 자고 나면 주고받는 말
사랑해요 이 한마디 참 좋은 말
엄마아빠 일터 갈 때 주고받는 말
이 말이 좋아서 온종일 신이 나지요
이 말이 좋아서 온종일 일 맛 나지요
이 말이 좋아서 온종일 가슴이
콩닥 콩닥인데요
사랑해요 이 한마디 참 좋은 말
나는 나는 이 한마디가 정말 좋아요
사랑 사랑해요

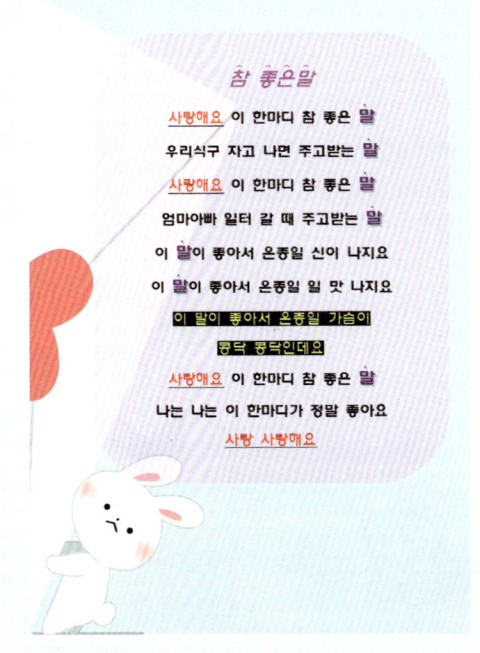

CHAPTER 03 나의 버킷리스트

● 불러올 파일 : 나의 버킷리스트.hwpx ● 완성된 파일 : 나의 버킷리스트(완성).hwpx

학습목표

- 글머리표 및 문단 번호에 대해 알아봅니다.
- 문단 모양을 알아봅니다.

오늘 배울 기능 : 텍스트 입력, 글자 모양, 글머리표 및 문단 번호, 문단 모양

완성작품 미리보기

스토리 버킷리스트란 꼭 한 번쯤 해보고 싶은 것들을 정리한 목록을 의미합니다.
내가 꼭 하고 싶은 것들은 무엇이 있을까요? 나의 버킷리스트를 한번 정리해 봅니다.

01 내용 입력하기와 글자 모양 바꾸기

1. [한글 2022]를 실행한 후 [서식 도구상자]-[불러오기( )]-[불러올 파일]-[CHAPTER 03]-'나의 버킷리스트.hwpx'를 선택한 후 <열기> 단추를 클릭합니다.

2. 글상자 안쪽을 클릭하고 나의 '버킷리스트'를 자유롭게 입력합니다.

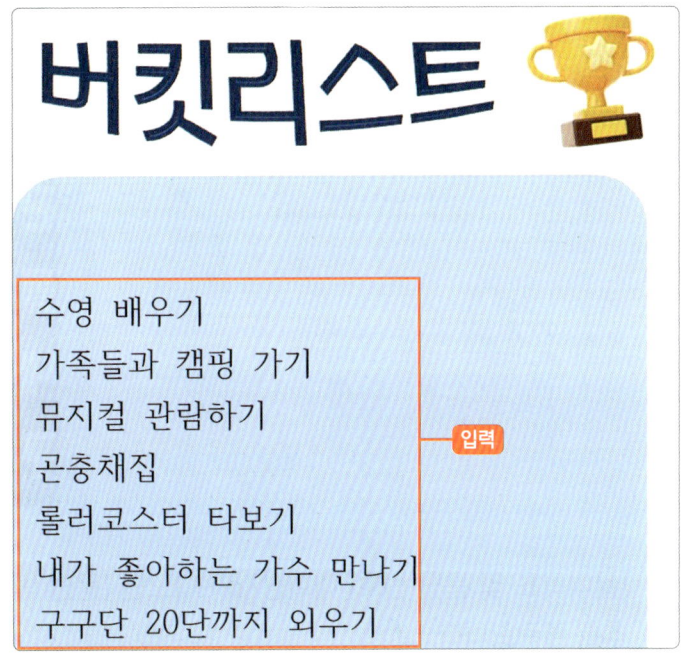

3. 입력한 내용을 [서식 도구상자]를 이용해서 글자 모양을 바꾸어 봅니다.
   - **글자 모양** : 글꼴(한컴 윤체 B), 크기(30pt), 밑줄(점선)

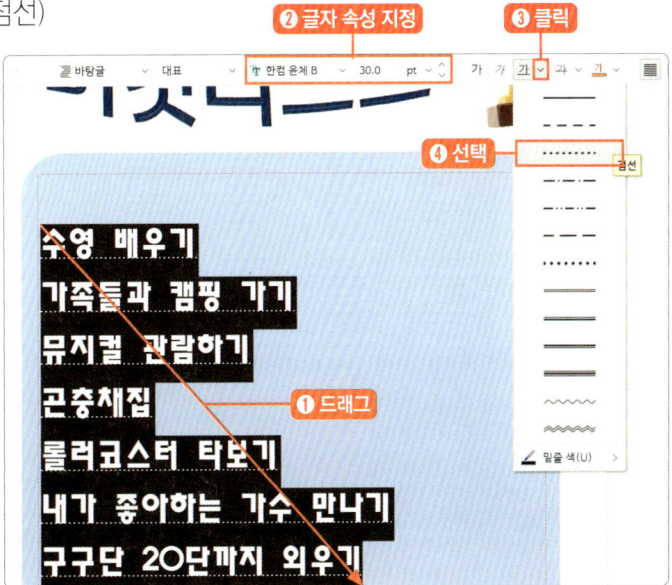

02 글머리표 및 문단 번호 바꾸기

1. 입력한 내용을 드래그해서 블록으로 지정한 후 [서식(∨)]-[문단 번호 모양]을 클릭합니다.

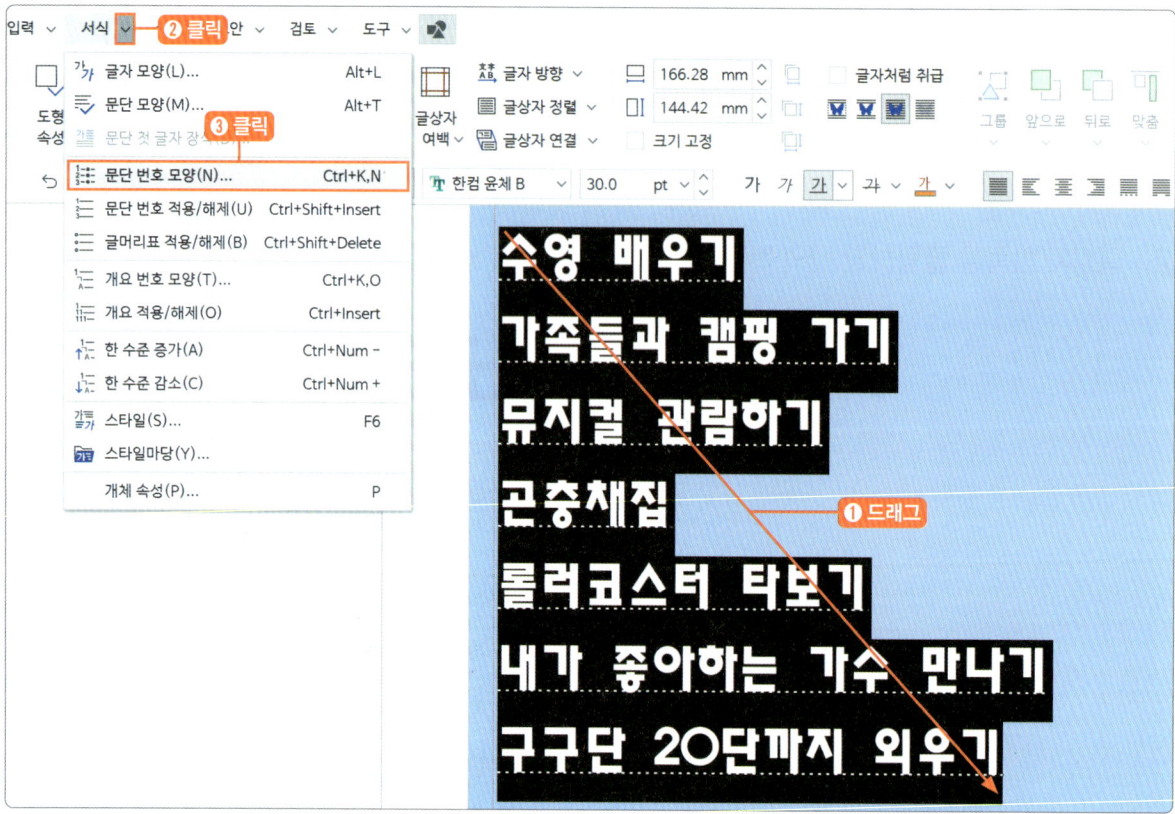

2. [글머리표 및 문단 번호] 대화상자가 나오면 [문단 번호] 탭에서 '1. 가. 1) 가) (1) (가) ① ㉮'를 선택하고 <설정> 단추를 클릭합니다.

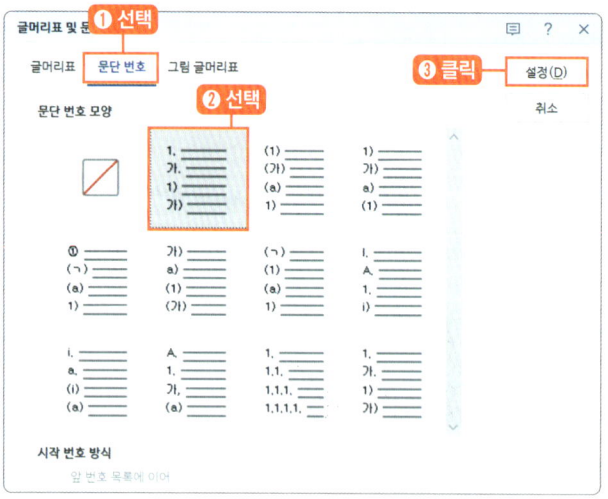

글머리표 / 그림 글머리표

- 글머리표를 이용하여 도형 기호를 문단 모양에 적용할 수 있습니다.
- 그림 글머리표를 이용하여 그림을 문단 모양에 적용할 수 있습니다.

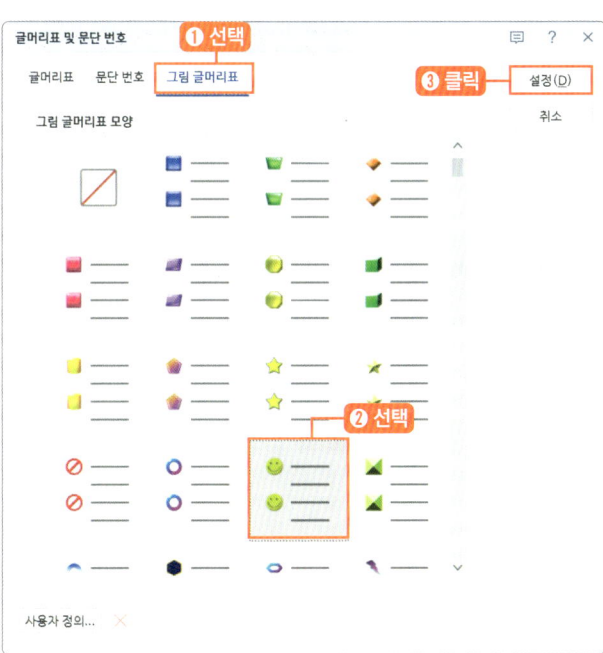

03 문단 모양 바꾸기

1. [문단 모양] 메뉴를 이용하여 줄 간격을 바꾸어 볼 수 있습니다.
   - 바꾸고 싶은 글자를 블록을 지정한 후 [서식] 탭-[문단 모양]을 클릭합니다. [문단 모양] 대화상자가 나오면 '간격'에서 줄 간격(200)으로 변경하고 <설정> 단추를 클릭합니다.

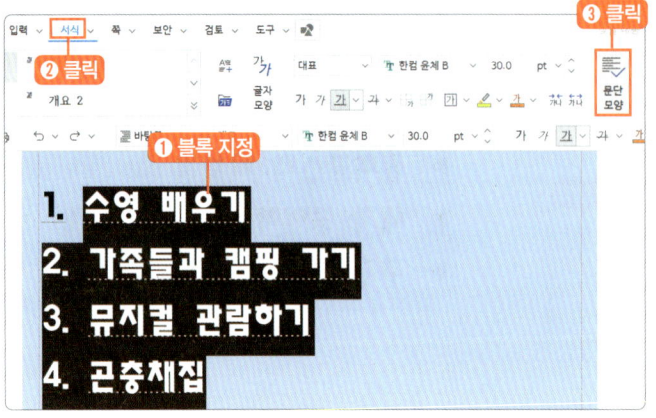

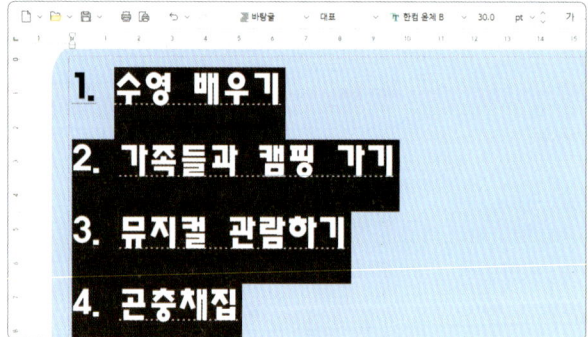

2. [파일]-[다른 이름으로 저장하기]를 클릭하고 대화상자가 나오면 본인의 폴더를 선택한 후 이름을 '나의 버킷리스트(완성)'을 입력합니다. 이어서, <저장> 단추를 클릭합니다.

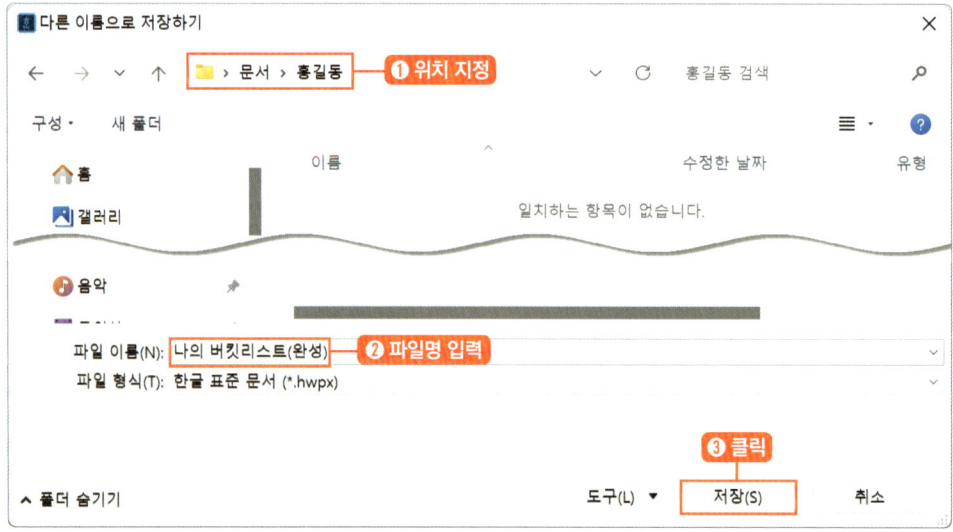

CHAPTER 03 혼자 뚝딱

● 불러올 파일 : 연습하기 01.hwpx   ● 완성된 파일 : 연습하기 01(완성).hwpx

문제 01 그림처럼 파일의 문단 모양과 글머리표 및 문단 번호를 바꾸어 봅니다.

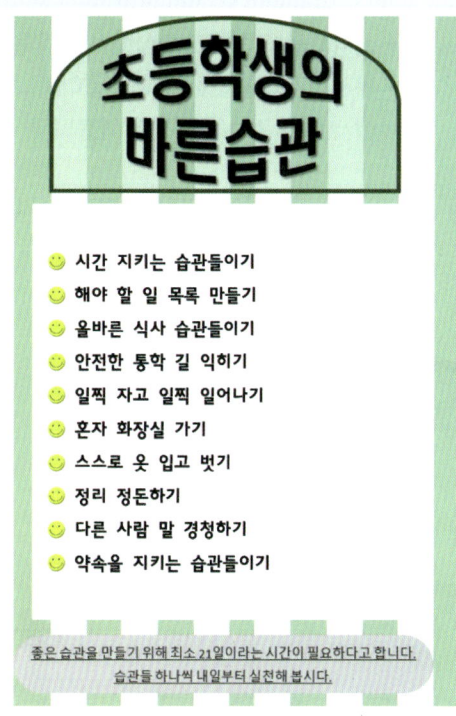

● 불러올 파일 : 연습하기 02.hwpx   ● 완성된 파일 : 연습하기 02(완성).hwpx

문제 02 그림처럼 나의 장점을 입력 후 글자 모양과 문단 모양을 바꾸어 봅니다.

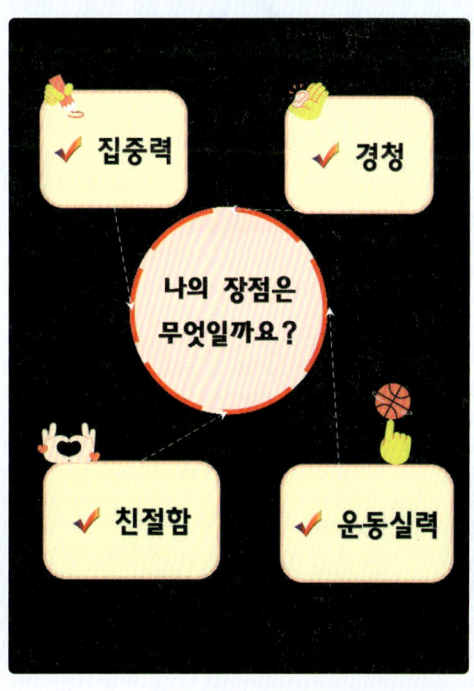

CHAPTER 03 나의 버킷리스트 ● 023

내 이름은 한자로 ○○○입니다.

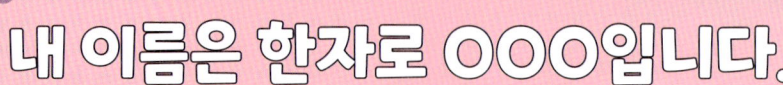
● 불러올 파일 : 한자 이름.hwpx   ● 완성된 파일 : 한자 이름(완성).hwpx

학습목표

- 글상자를 입력하고 속성을 바꾸어 봅니다.
- 복사하기와 붙이기에 대해 알아봅니다.
- 한자 변환 기능에 대해 알아봅니다.

오늘 배울 기능 : 글상자, 한자 변환

이름 한자 카드 만들기

金　那　羅

스토리 내 이름은 어느 한자로 이루어졌는지, 그 한자들이 어떤 의미가 있고 어른들이 나에게 왜 이런 이름을 지어주셨는지에 대해 생각해 보며, 나의 이름의 의미를 생각해 봅니다. 한자가 없는 한글 이름인 친구들은 나만의 한자 이름을 만들어 봅니다.

01 글상자 입력하고 속성을 바꾸어 보기

1. [한글 2022]를 실행한 후 [서식 도구상자]-[불러오기()]-[불러올 파일]-[CHAPTER 04]-'한자 이름.hwpx'를 선택한 후 <열기> 단추를 클릭합니다.

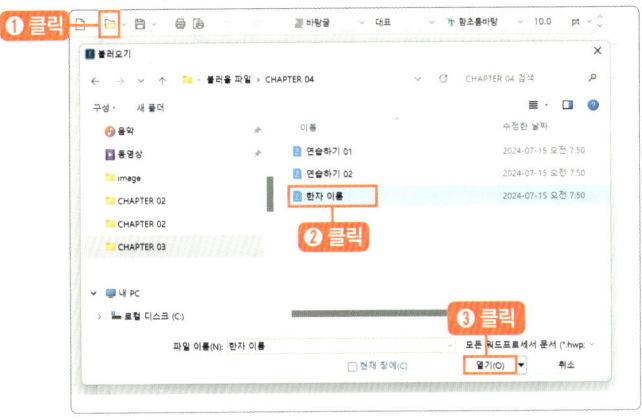
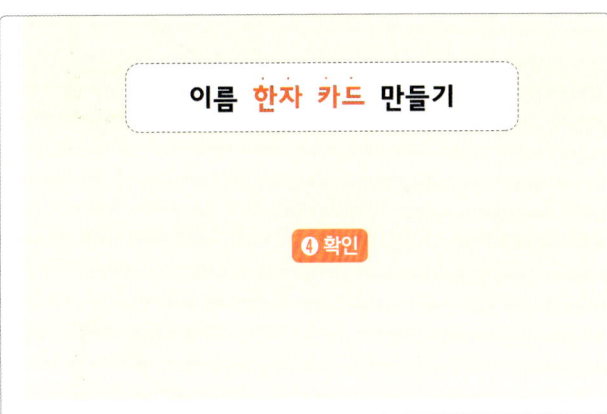

2. [입력] 탭-[가로 글상자 ▭]를 클릭합니다. 이어서, 마우스 포인터가 + 모양으로 변경되면 그림과 같이 드래그해서 글상자를 만들고 본인 이름의 성을 입력한 후 글자 모양을 변경합니다.

- **글자 모양** : 글꼴(함초롬바탕), 크기(150pt), 가운데 정렬

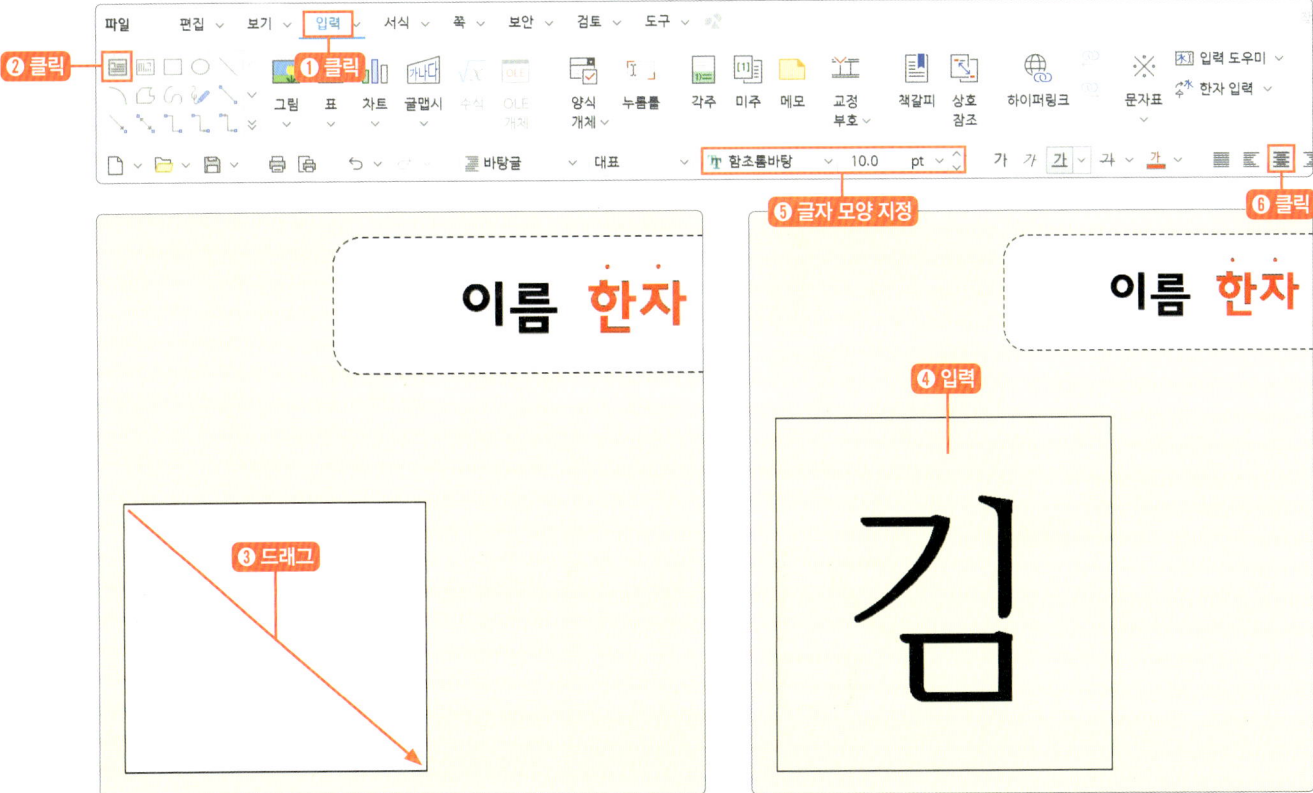

3. '김' 글상자를 클릭합니다. 이어서, Ctrl + Shift 키를 함께 누른 상태에서 드래그해서 글상자를 복사합니다.

※ Ctrl 만 누르고 드래그하면 아무곳이나 복사할 수 있지만 Ctrl + Shift 를 함께 누르고 복사하면 수직으로 정확히 복사됩니다.

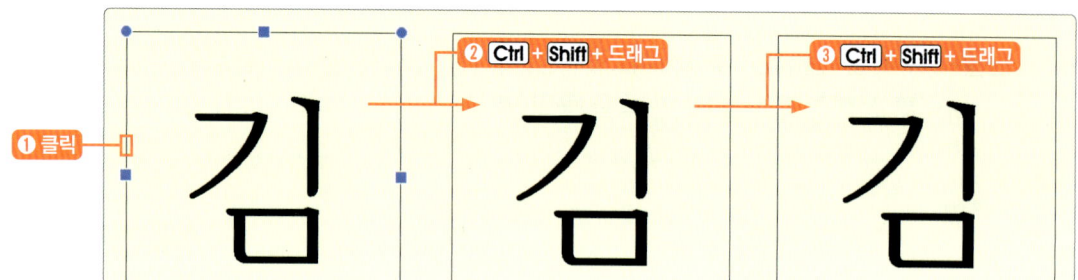

4. 글상자의 내용을 본인의 이름으로 아래와 같이 수정합니다.

5. '김' 글상자를 클릭하고 [도형( )]탭-[도형 윤곽선( )]을 클릭하여 글상자 선의 굵기를 변경합니다.
- **선 속성** : 선 색(주황), 선 굵기(2mm)

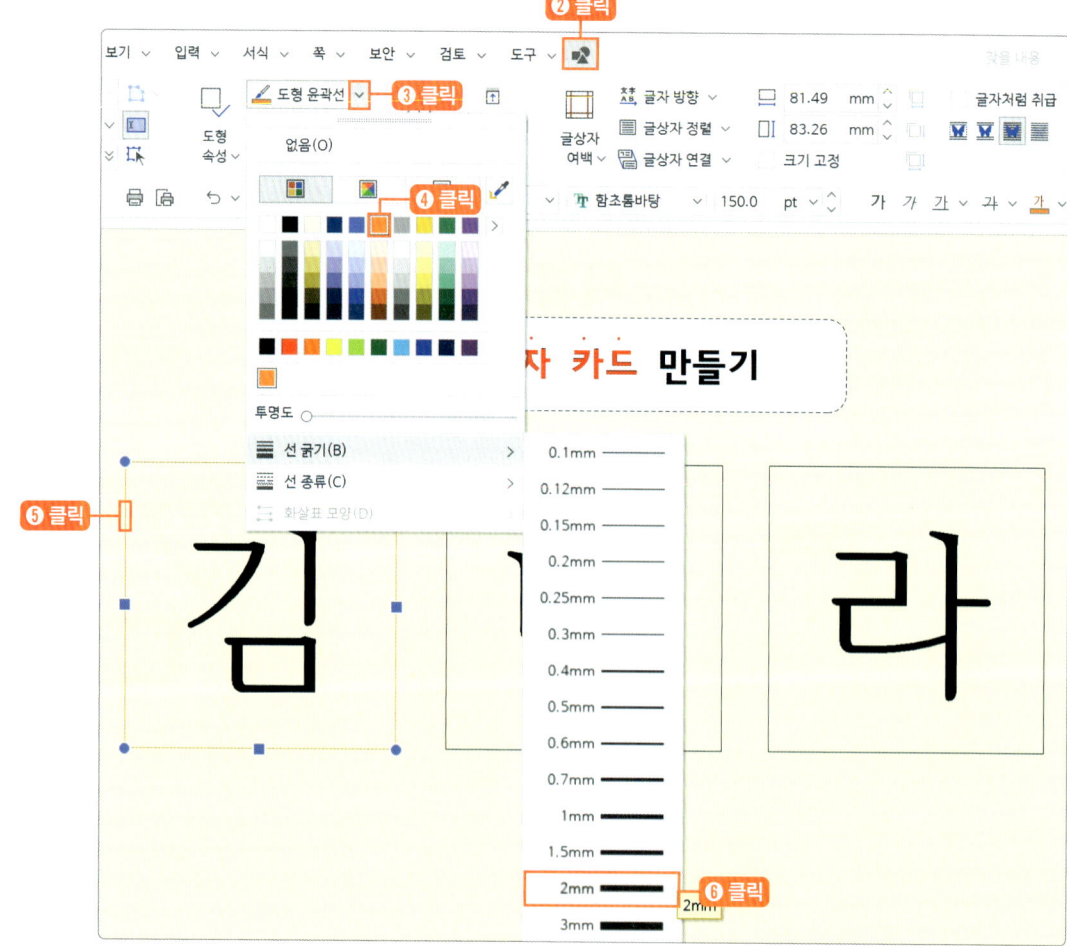

6. [도형] 탭-[도형 채우기()]-[다른 채우기(O)...]를 선택하여 [개체 속성]을 엽니다. 이어서, [개체 속성] 대화 상자가 열리면 [채우기] 탭의 '색'에서 무늬 색과 무늬 모양을 아래와 같이 지정하고 <설정> 단추를 클릭합니다.
   - **개체 속성** : 무늬 색(주황), 무늬 모양(체크무늬)

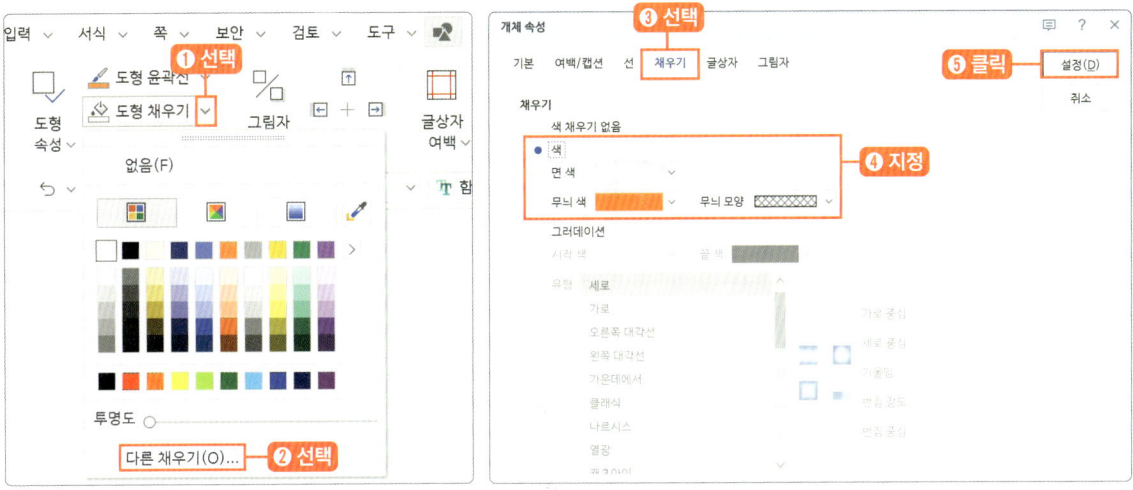

TIP

글상자 외곽선을 더블클릭하면 바로 [개체 속성] 대화 상자가 열립니다.

7. 아래와 같이 나머지 글상자도 선과 채우기 속성을 변경해 봅니다.

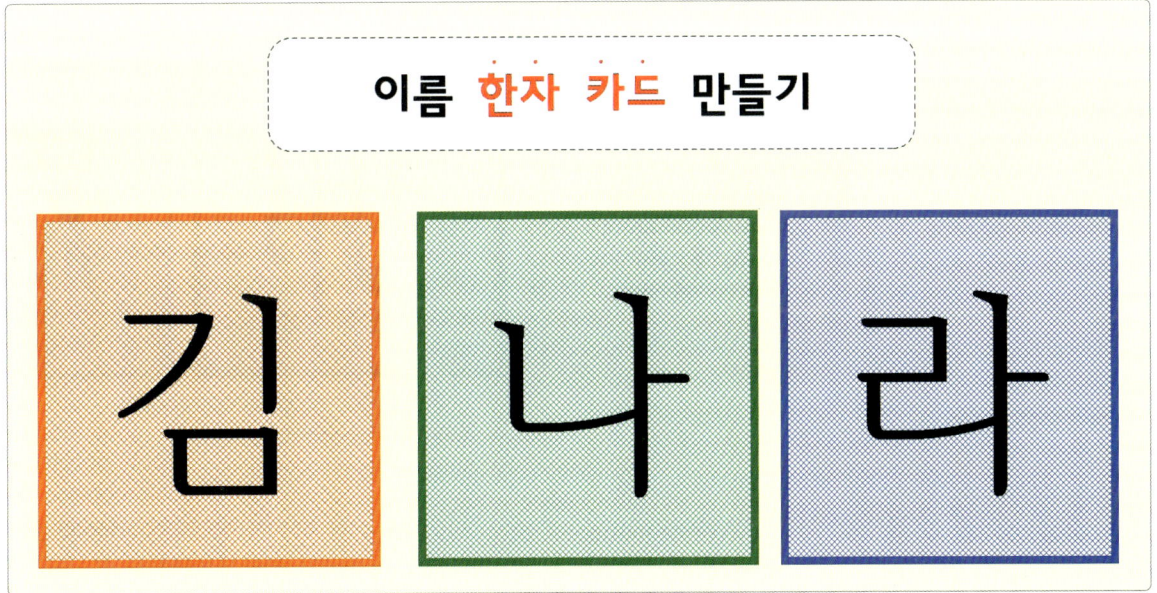

02 한자 변환하기

1. '김' 글자를 드래그해서 블록을 지정한 후 키보드의 [한자] 키 또는 [F9] 키를 눌러줍니다. 이어서, 자신의 이름에 맞는 한자를 선택 후 <바꾸기> 단추를 클릭합니다.

   • 입력한 형식에 따라 한글에 보이는 한자의 모습이 달라집니다.

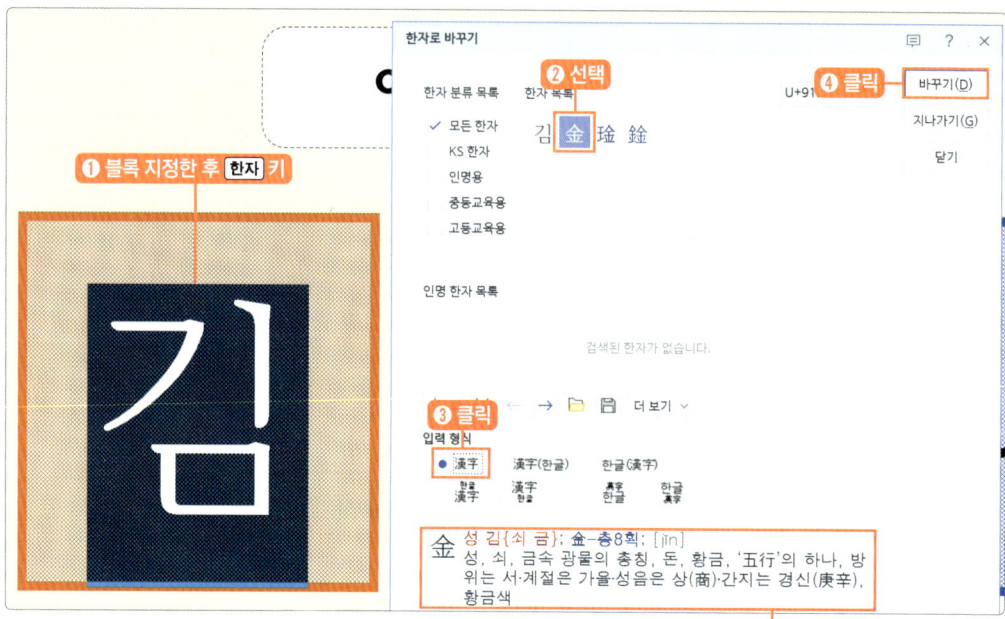

2. 아래와 같이 본인 이름의 한자를 찾아서 변환하여 줍니다.

   • 한자가 없는 순 우리말 이름인 경우 좋은 뜻을 가진 한자로 바꾸어 봅니다.

3. [파일]-[다른 이름으로 저장하기]를 클릭하고 대화상자가 나오면 본인의 폴더를 선택한 후 이름을 '한자이름(완성)'을 입력합니다. 이어서, <저장> 단추를 클릭합니다.

CHAPTER 04 혼자 뚝딱

●불러올 파일 : 연습하기 01.hwpx   ●완성된 파일 : 연습하기 01(완성).hwpx

문제 01 그림처럼 숫자 1~9까지 한자로 입력하여 빙고 게임을 완성해 봅니다.

●불러올 파일 : 연습하기 02.hwpx   ●완성된 파일 : 연습하기 02(완성).hwpx

문제 02 그림처럼 사자소학의 내용을 한글로 입력한 후 한자로 변환해 봅니다.

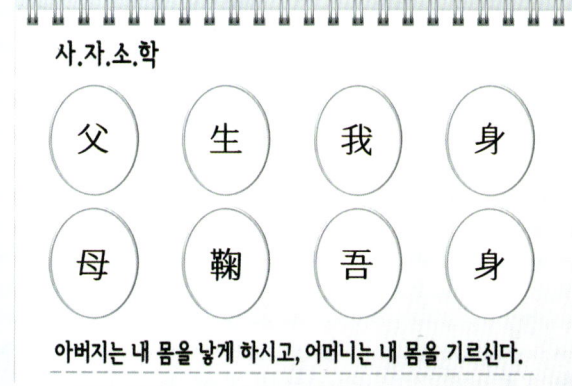

CHAPTER 05 내 생일파티에 초대해

● 불러올 파일 : 생일 초대장.hwpx　●완성된 파일 : 생일 초대장(완성).hwpx

학습목표

- 문자표를 활용하여 특수문자를 입력할 수 있습니다.
- 글자 겹치기 기능을 이용하여 새로운 문자를 만들 수 있습니다.

오늘 배울 기능 : 글상자 입력, 문자표, 글자 겹치기 기능

완성작품 미리보기

스토리 생일은 사람이 태어난 날 또는 기념일입니다. 생일을 맞이하면 가족 또는 친구들이 축하해 주며 생일 케이크와 여러 음식을 준비해 생일잔치를 열기도 합니다. 나의 생일 초대장을 멋진 문자를 이용하여 꾸며보고 친구들을 초대해 보아요.

01 내용 입력하기

1. [한글 2022]를 실행한 후 [서식 도구상자]-[불러오기(📁)]-[불러올 파일]-[CHAPTER 05]-'생일 초대장.hwpx'를 선택한 후 <열기> 단추를 클릭합니다.

2. [입력] 탭-[가로 글상자]를 클릭하고 다음과 같이 마우스로 드래그하여 글상자를 만들어 봅니다.

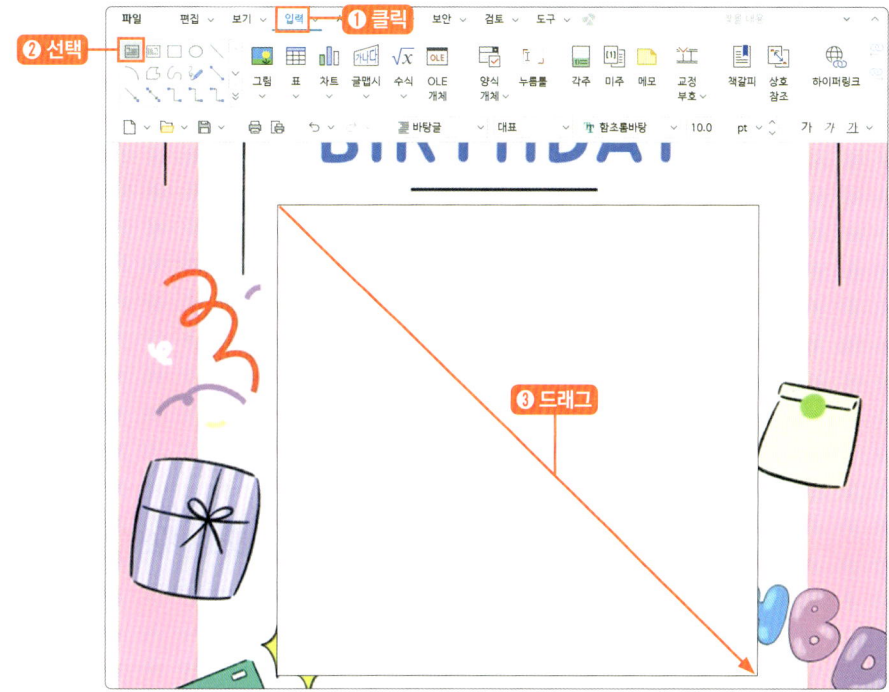

3. 삽입된 글상자의 외곽선을 더블클릭 한 후 [개체 속성] 대화 상자에서 선과 채우기 속성을 변경합니다.
   - **선** : 색(보라 60% 밝게), 종류(점선), 굵기(2.0mm), 사각형 모서리 곡률(둥근 모양)
   - **채우기** : 면 색(흰색), 투명도(30%)

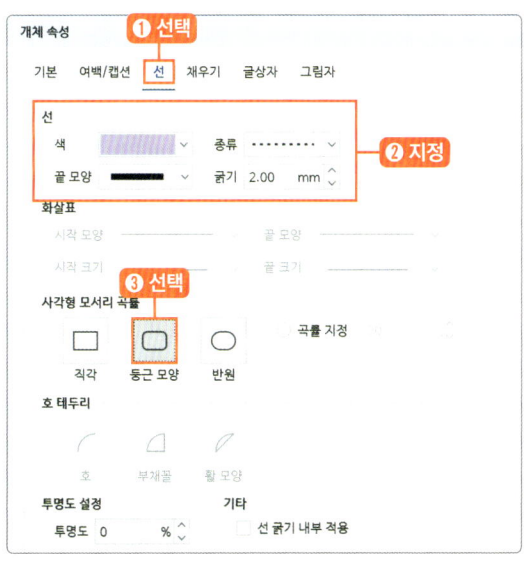 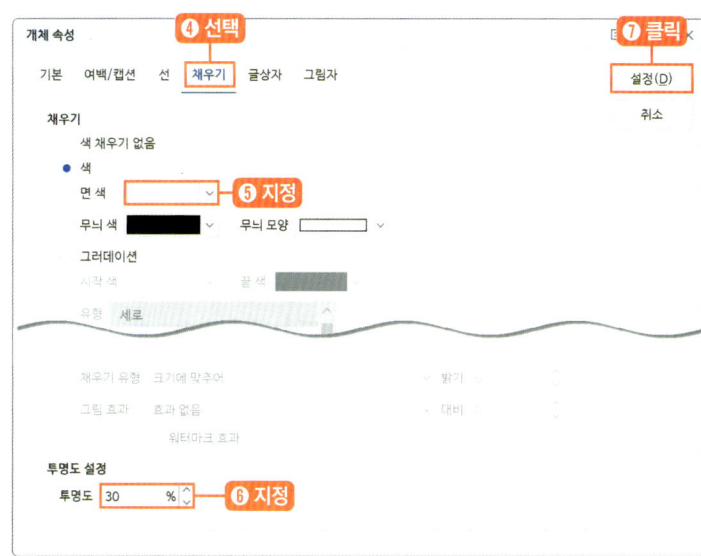

4. 글상자의 크기를 적당하게 조절한 후 다음과 같이 생일 초대장을 입력하고 글자 모양과 글자 색은 자유롭게 변경하여 봅니다.

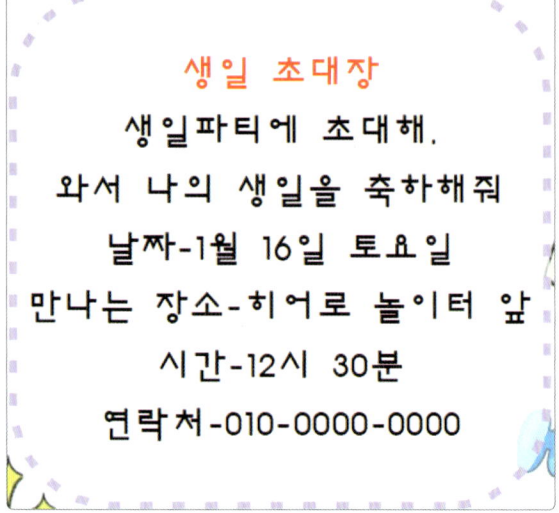

02 문자표를 이용하여 특수문자 입력하기

1. 글상자 속 '생일 초대장' 단어의 '생' 앞을 마우스로 클릭하여 커서를 이동하고 [입력]-[문자표]를 클릭합니다.

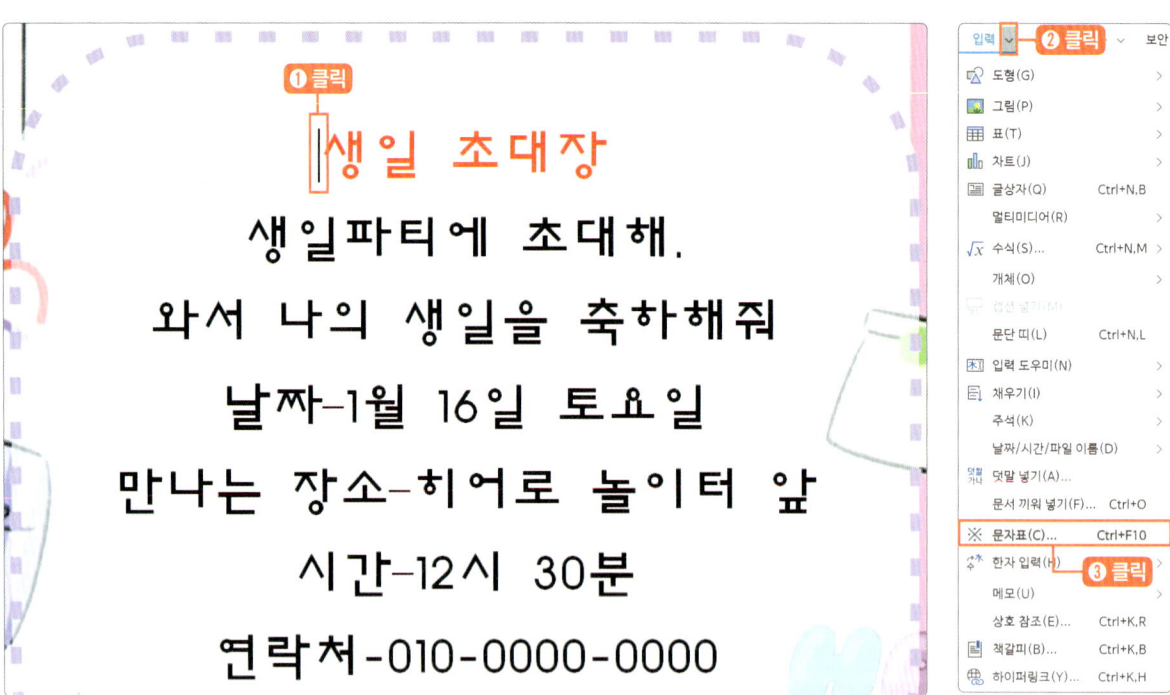

2. [유니코드 문자표]-[여러 가지 기호]를 클릭하여 '♥' 문자를 선택한 후 <넣기> 단추를 클릭합니다.

3. 다음과 같이 문자표를 이용하여 원하는 특수문자를 자유롭게 추가해 봅니다.

특수문자는 [유니코드 문자표]-[여러 가지 기호]에 모두 있어요! 다른 문자표도 자유롭게 추가해 보세요.

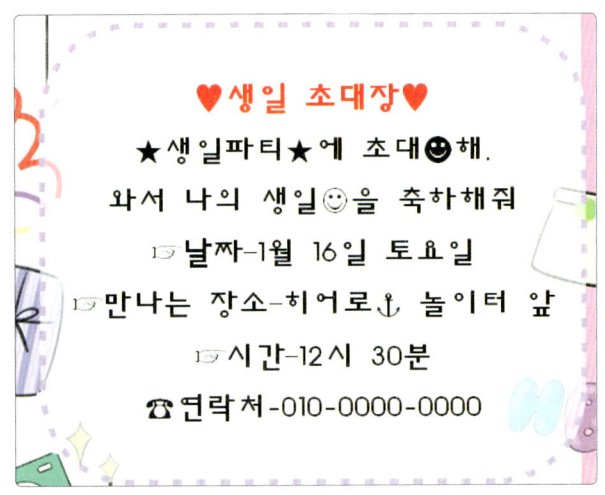

03 글자 겹치기

1. '★ 생일파티 ★'글자 맨 앞에 마우스를 클릭하여 커서를 이동하고 '김한글'을 입력합니다. 이어서, '김한글' 글자를 드래그해서 블록을 지정합니다.

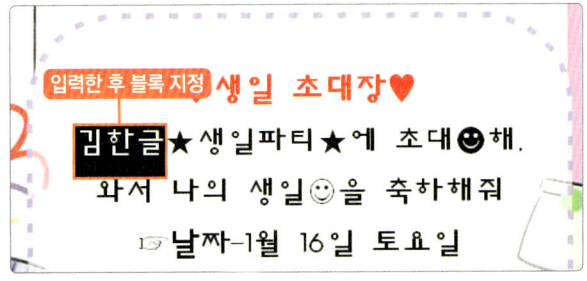

2. 블록 지정된 상태에서 [입력]-[입력 도우미]-[글자 겹치기]를 선택합니다.

3. 겹쳐 쓸 글자의 칸에 '김한글' 글자가 입력되어 있는지 확인합니다. 이어서, [겹치기 종류]를 선택하고 글자 크기 조절(80%)을 입력한 후 <넣기> 단추를 클릭합니다.

4. 완성된 겹쳐진 글자를 블록 지정한 후 글자 색(빨강)으로 지정합니다. 이어서, 다른 특수문자에 각각 다른 색으로 자유롭게 변경해 봅니다.

5. [파일]-[다른 이름으로 저장하기]를 클릭하고 대화상자가 나오면 본인의 폴더를 선택한 후 이름을 '생일 초대장(완성)'을 입력합니다. 이어서, <저장> 단추를 클릭합니다.

CHAPTER 05  혼자 뚝딱

● 불러올 파일 : 연습하기 01.hwpx　　● 완성된 파일 : 연습하기 01(완성).hwpx

문제 01 그림처럼 내용을 입력하고 문자표를 이용하여 날씨 표를 만들어 봅니다.

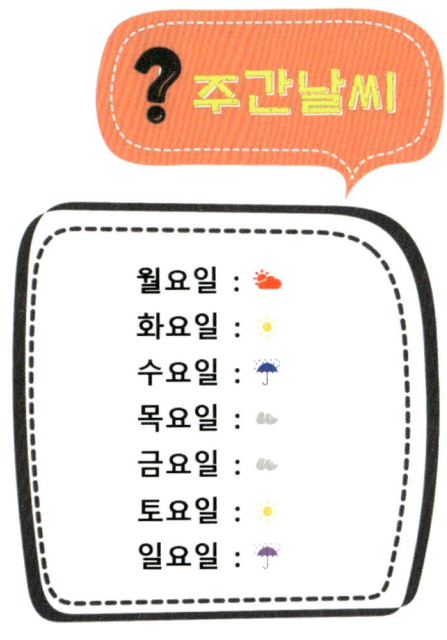

● 불러올 파일 : 연습하기 02.hwpx　　● 완성된 파일 : 연습하기 02(완성).hwpx

문제 02 글자 겹치기 기능을 이용하여 다음 그림처럼 전화기 키패드를 완성하여 봅니다.

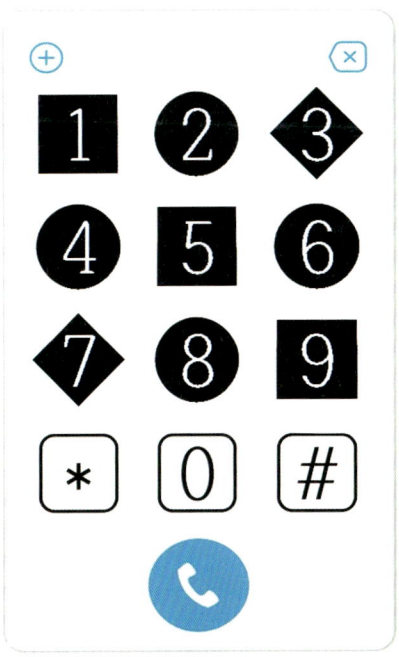

내 기분을 알려줘

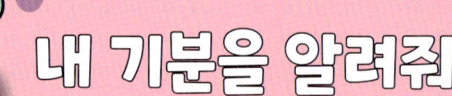

● 불러올 파일 : 기분 아이콘.hwpxx   ● 완성된 파일 : 기분 아이콘(완성).hwpxx

학습목표

- 그림 기능을 활용하여 이미지를 삽입할 수 있습니다.
- 그리기마당의 클립아트를 이용하여 이미지를 삽입할 수 있습니다.

오늘 배울 기능 : 글상자, 그림 삽입, 그리기마당

완성작품 미리보기

스토리   기분은 눈에 보이지 않습니다. 하지만 우리 마음속에는 여러 '기분'이 있습니다. 기분은 여러 종류가 있습니다. 나의 마음속에는 어떤 기분이 있을까요? 마음속에 있는 기분들을 알아보도록 합니다.

01 글상자 및 글자 입력

1. [한글 2022]를 실행한 후 [서식 도구상자]-[불러오기(📂)]-[불러올 파일]-[CHAPTER 06]-'기분 아이콘.hwpx'를 선택한 후 <열기> 단추를 클릭합니다.

2. [입력] 탭-[가로 글상자]를 클릭하여 글상자를 만들어 봅니다. 이어서, 글상자에 개체 속성에서 선과 채우기 속성을 변경한 후 도형을 복사합니다.
   - **선** : 선 없음, 둥근 모양
   - **채우기** : 면 색(보라 25% 어둡게)

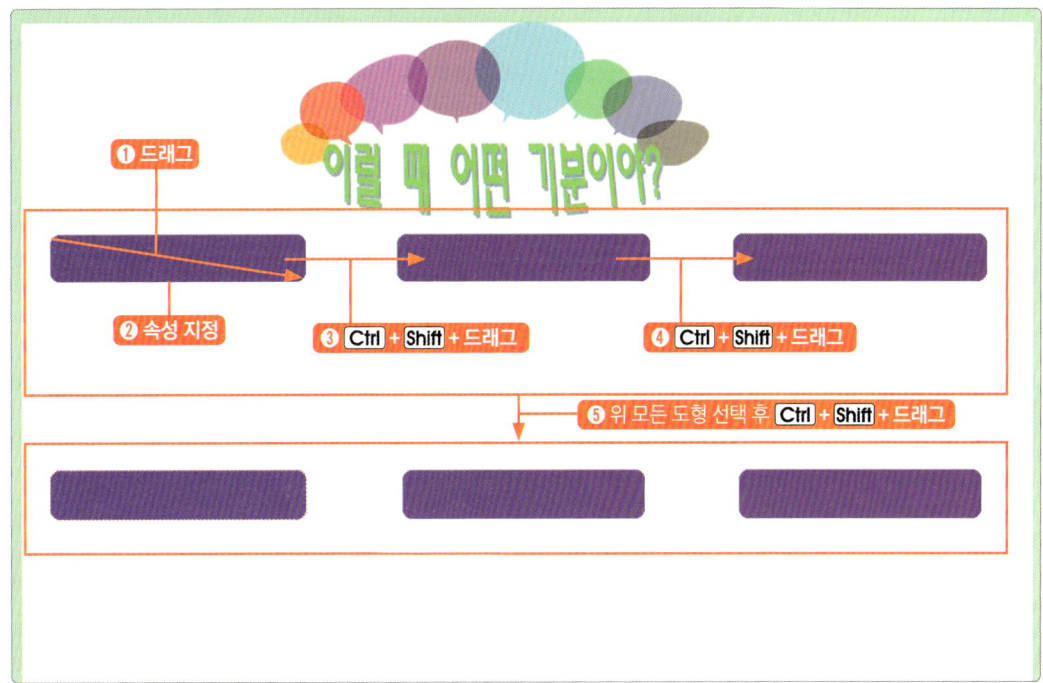

   - 여러 개의 도형을 선택할 때는 글상자 위에서 **Shift** + 클릭을 합니다.

3. 아래와 같이 글상자에 내용을 입력하고 글자 모양을 변경합니다.
   - **글자 모양** : 글꼴(한컴 윤고딕 250), 크기(19pt), 글자 색(흰색)

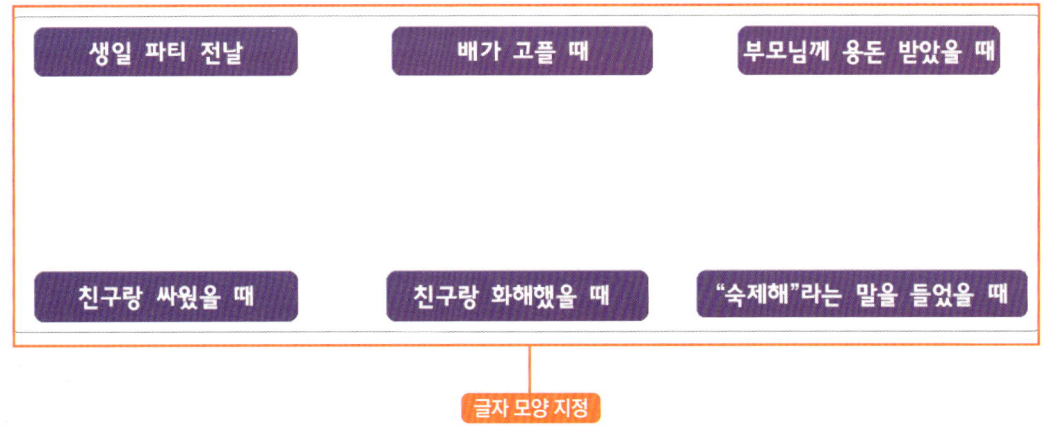

02 그리기마당에서 그림 삽입하기

1. [입력] 탭-[그림]-[그리기마당]을 선택하고 [그리기마당] 대화상자가 열리면 <클립아트 다운로드> 단추를 클릭합니다.

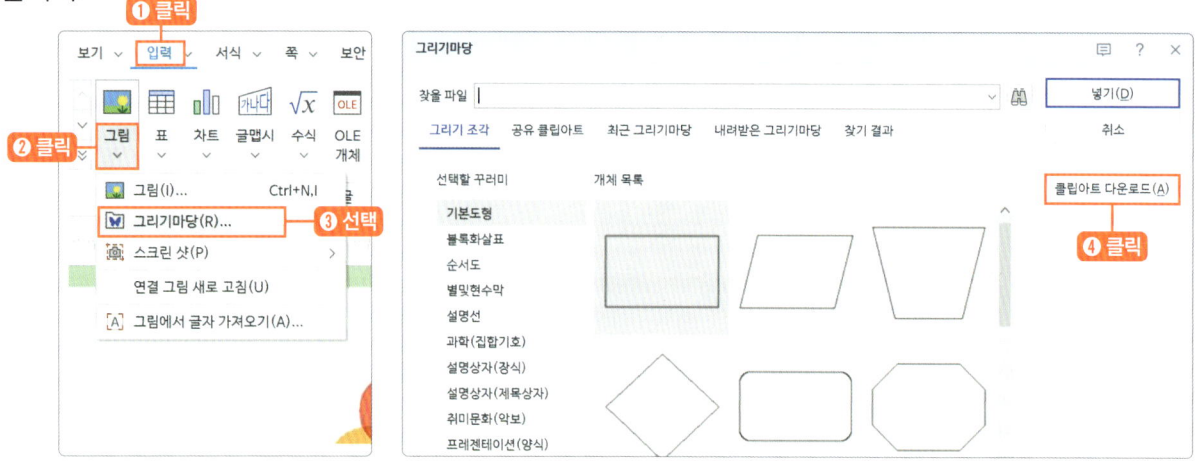

2. [한컴 애셋] 대화상자가 열리면 다음과 같이 다양한 그림들이 보입니다.

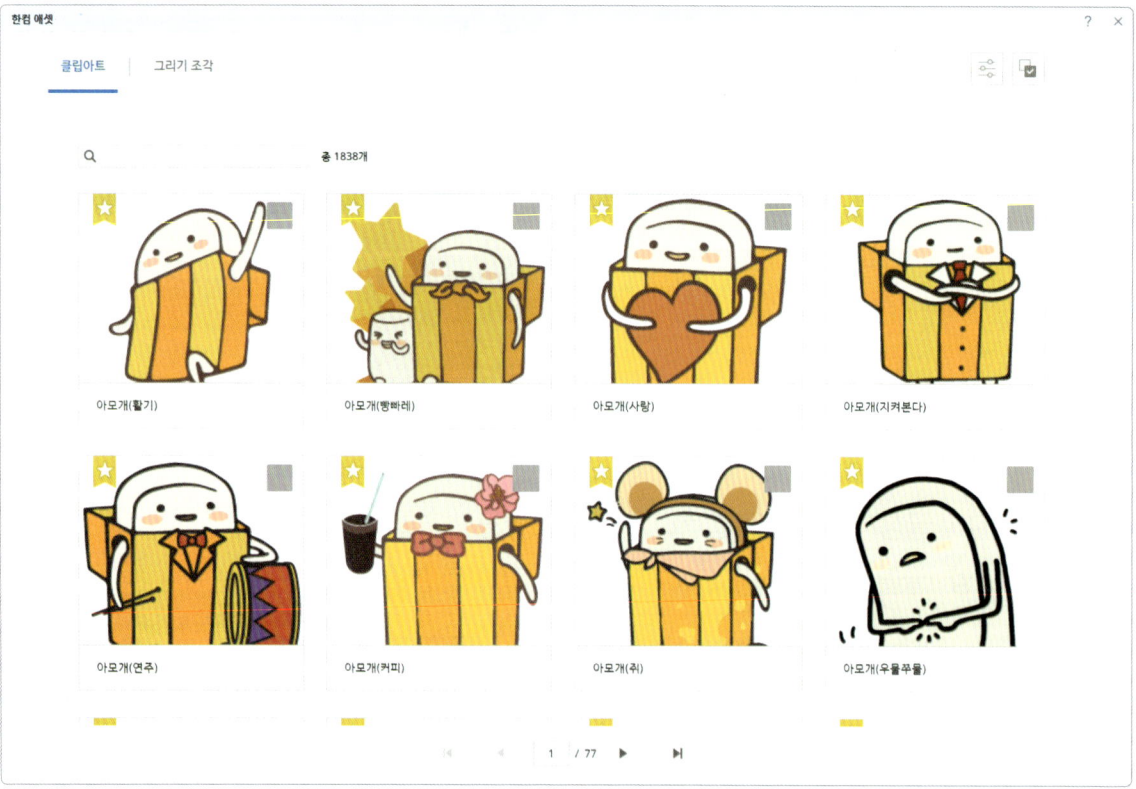

3. 오른쪽 위에 있는 단추(   )에서 필터(   ) 단추를 클릭한 후 '캐릭터'를 선택하면 캐릭터 관련된 그림만 나옵니다.

4. 아래와 같이 다양한 캐릭터 그림을 확인합니다. 이어서, 오른쪽 스크롤 바를 아래로 드래그 합니다.

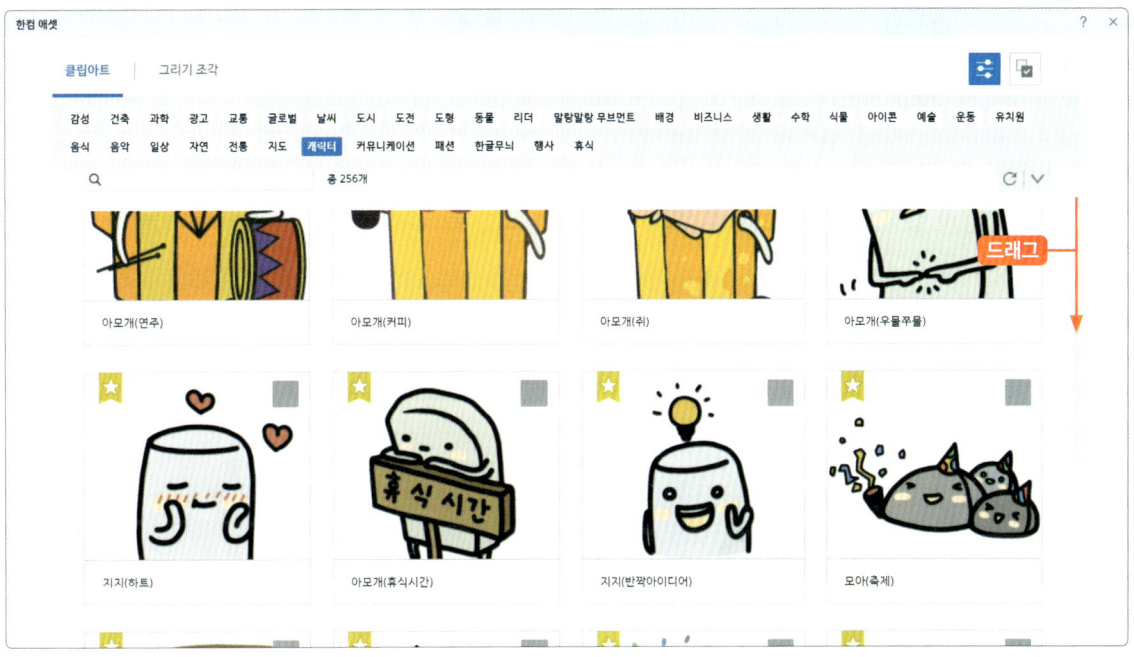

5. '모아(축제)' 캐릭터의 오른쪽 상단 체크 박스를 클릭하고 <내려받기> 단추를 눌러 다운로드를 합니다. [한컴 애셋] 대화 상자를 종료(×) 합니다.

6. [그리기마당] 대화상자에서 [내려받은 그리기마당]-[공유 클립아트]에 다운로드 받은 클립아트 이미지를 선택하여 원하는 위치에 드래그해 줍니다.

7. 아래 그림과 같이 클립아트를 검색하여 원하는 그림을 '내려받기'한 다음 크기를 조절한 후 원하는 위치에 드래그해 줍니다.

8. [파일]-[다른 이름으로 저장하기]를 클릭하고 대화상자가 나오면 본인의 폴더를 선택한 후 이름을 '기분 아이콘(완성)'을 입력합니다. 이어서, <저장> 단추를 클릭합니다.

CHAPTER 06  혼자 뚝딱

● 불러올 파일 : 연습하기 01.hwpx   ● 완성된 파일 : 연습하기 01(완성).hwpx

문제 01 기분의 여러 종류를 적어보고, 나만의 기분 아이콘 모음을 만들어 봅니다.

● 불러올 파일 : 연습하기 02.hwpx   ● 완성된 파일 : 연습하기 02(완성).hwpx

문제 02 아래와 같이 [그리기마당]-[클립아트 다운로드]에서 '동물'을 검색하여 바닷속을 꾸며봅니다.

내가 좋아하는 음식

● 불러올 파일 : 내가 좋아하는 음식.hwpx ● 완성된 파일 : 내가 좋아하는 음식(완성).hwpx

- 그림 기능을 활용하여 이미지를 삽입할 수 있습니다.
- 사진 편집 기능을 활용하여 배경을 투명하게 만들 수 있습니다.

오늘 배울 기능 : 그림 삽입, 그림 속성 및 그림 편집

완성작품 미리보기

스토리 떡볶이, 피자, 아이스크림, 김밥, 된장찌개, 돼지고기, 소고기 등등 세상에는 많은 종류의 음식이 있습니다. 그중 나의 마음을 사로잡는 음식은 어떤 것이 있을까요? 내가 좋아하는 음식을 한번 소개해 보도록 하겠습니다.

01 그림 삽입하기

1. [한글 2022]를 실행한 후 [서식 도구상자]-[불러오기(📁)]-[불러올 파일]-[CHAPTER 07]-'내가 좋아하는 음식.hwpx'를 선택한 후 <열기> 단추를 클릭합니다.

2. [입력] 탭-[그림(🖼️)]을 클릭하여 [불러올 파일]-[CHAPTER 07]-[초밥이미지] 폴더를 열어 '삼각김밥.jpg'을 선택하고 <열기> 단추를 클릭합니다.

3. '삼각김밥' 이미지를 다음과 같이 크기를 줄이고 위치를 변경합니다.
   ※ 삼각김밥 이미지를 자유롭게 움직이기 위해서는 그림을 더블클릭한 후 [개체 속성]의 '글자처럼 취급'을 해제합니다.

CHAPTER 07 내가 좋아하는 음식 • 043

02 그림 투명도 설정하기

1. '삼각김밥' 이미지를 선택한 후 [그림( )] 탭-[사진 편집]을 클릭합니다.

2. [사진 편집기] 대화상자에서 [투명 효과]를 클릭하면 오른쪽에 [투명 효과] 속성이 나옵니다.

3. 마우스 포인터 모양이 🔧 모양으로 변경되면 투명으로 변경하고 싶은 영역을 클릭하고 <적용> 단추를 클릭합니다.

4. 아래의 그림과 같이 투명으로 바뀐 이미지를 확인할 수 있습니다.

03 그림 효과 넣기

1. '삼각김밥' 이미지를 선택한 후 [그림(🌷)] 탭-[그림 효과(🖼️ 그림 효과 ⌄)]-[네온]에서 원하는 네온 효과를 선택합니다.

2. 완성된 '삼각김밥' 이미지를 Ctrl 키 또는 Ctrl + Shift 를 누른 상태에서 아래쪽으로 드래그하여 이미지들을 복사합니다. 이어서, [초밥이미지] 폴더에서 다음과 같이 음식 이미지를 넣어봅니다.

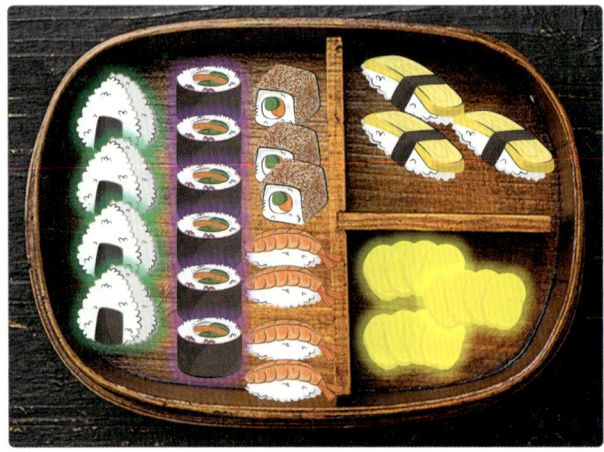

3. [파일]-[다른 이름으로 저장하기]를 클릭하고 대화상자가 나오면 본인의 폴더를 선택한 후 이름을 '내가 좋아하는 음식(완성)'을 입력합니다. 이어서, <저장> 단추를 클릭합니다.

CHAPTER 07 혼자 뚝딱

● 불러올 파일 : 연습하기 01.hwpx   ● 완성된 파일 : 연습하기 01(완성).hwpx

문제 01 '음식이미지' 폴더에서 내가 좋아하는 음식 이미지를 삽입한 후 사진 편집 기능을 이용하여 식탁을 꾸며봅니다.

● 불러올 파일 : 연습하기 02.hwpx   ● 완성된 파일 : 연습하기 02(완성).hwpx

문제 02 '식물이미지' 폴더에서 식물 이미지를 불러와 다음과 같이 배치를 하고 투명 효과와 그림 효과를 주어서 나의 테라스를 바꿔 봅니다.

CHAPTER 08 좋아하는 과일

학습목표

- 글상자를 삽입해 봅니다.
- 도형의 그리기 개체 및 곡선과 연결선을 알아봅니다.

오늘 배울 기능 : 글상자, 도형 그리기 개체, 곡선, 연결선 삽입

완성작품 미리보기

스토리 과일은 체내 노폐물을 제거하고, 면역력을 높여주는 역할을 하며, 우리 몸에 필수적인 영양소와 비타민을 제공하는 자연의 선물입니다. 오렌지, 수박, 바나나, 딸기, 참외, 키위 등등 많은 종류의 과일 중 내가 좋아하는 과일은 무엇일까요?

01 글상자 삽입

1. [한글 2022]를 실행한 후 [서식 도구상자]-[불러오기( )]-[불러올 파일]-[CHAPTER 08]-'좋아하는 과일.hwpx'를 불러옵니다. 이어서, [입력] 탭-[가로 글상자]를 선택하여 글상자를 그린 다음 'orange' 글자를 입력합니다.

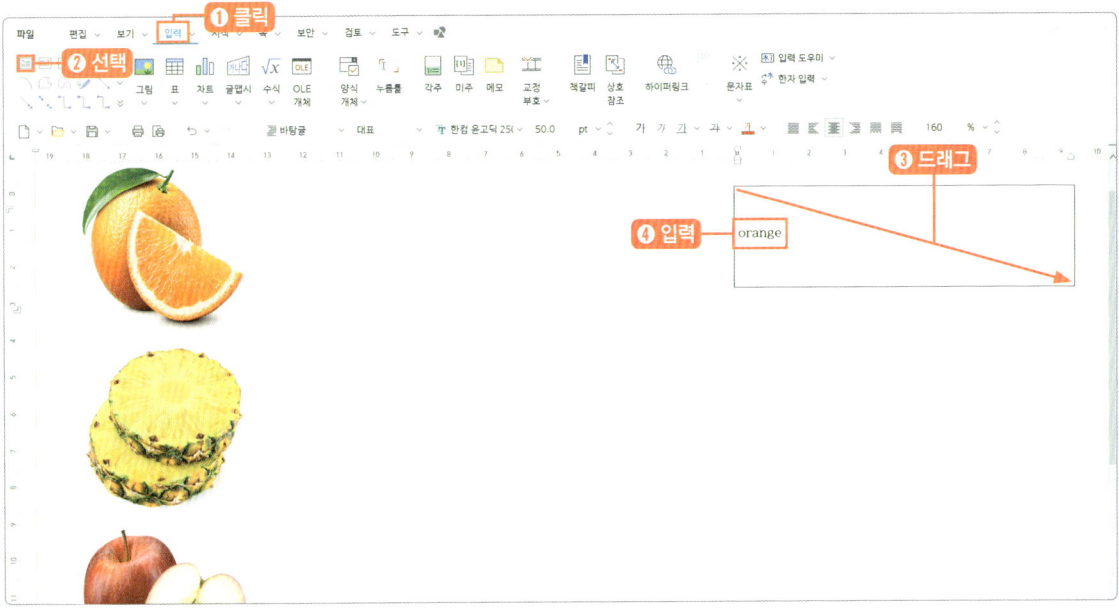

2. 같은 방법으로 'apple', 'pineapple', 'strawberry'를 입력하여 글상자를 완성하고 글자 모양을 지정합니다.
   - **글자 모양** : 글꼴(한컴 윤고딕 250), 크기(50pt), **글상자 크기** : 아래 그림 참고

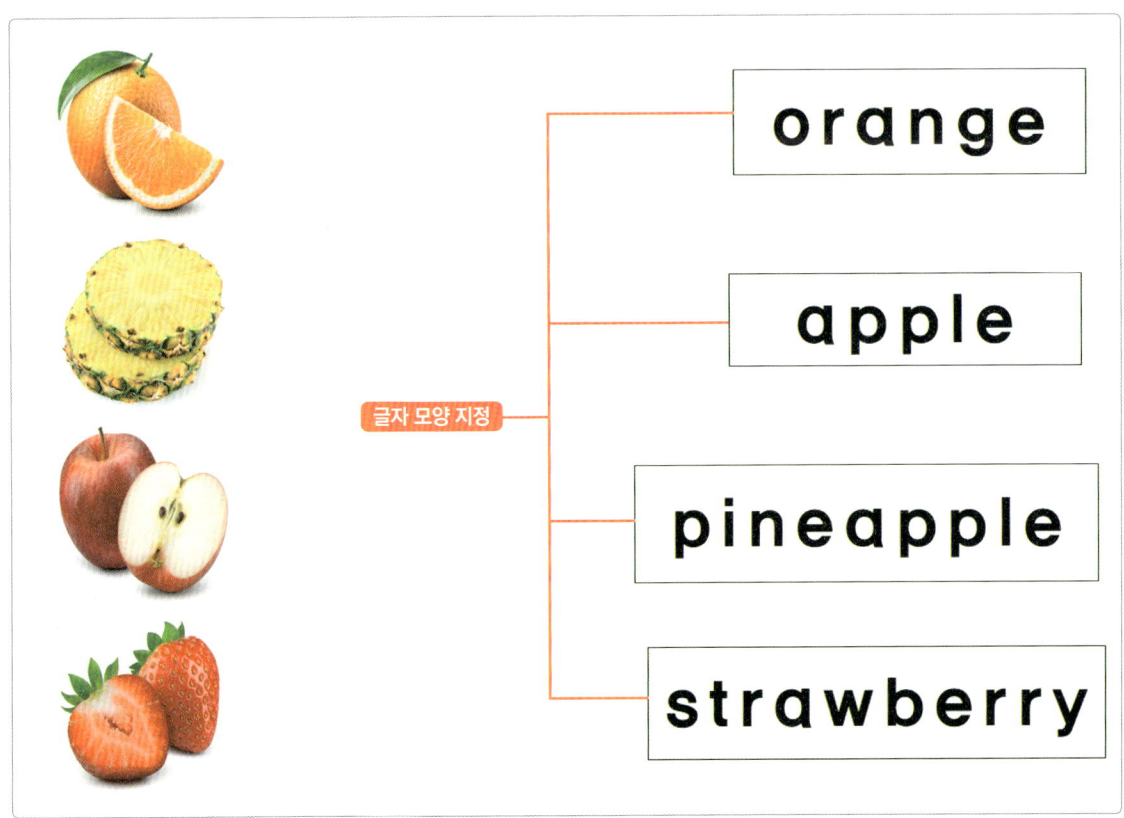

3. 'orange' 글상자를 선택한 후 마우스 오른쪽 단추를 클릭합니다. 이어서, [개체 속성]을 클릭합니다.

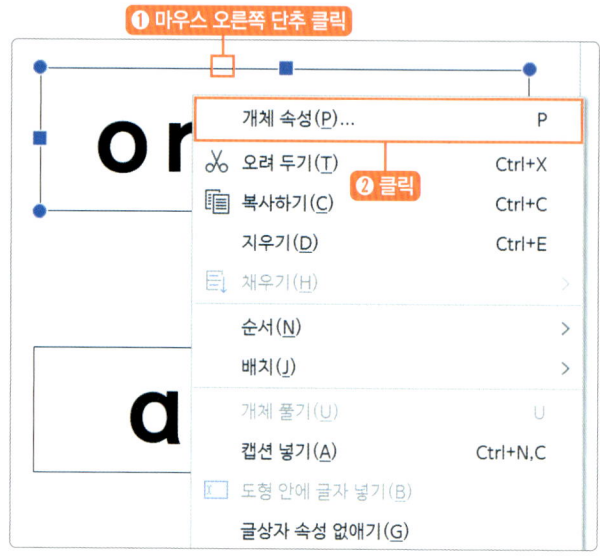

4. [개체 속성] 대화상자에서 [선] 탭-'색(파랑), 굵기(1.00mm)'로 지정하고 '둥근 모양'을 선택합니다. [채우기] 탭-'색(노랑)'을 선택하고 <설정> 단추를 클릭합니다. 이어서, 'apple', 'pineapple', 'strawberry' 글상자도 자유롭게 선과 채우기를 바꾸어 줍니다.

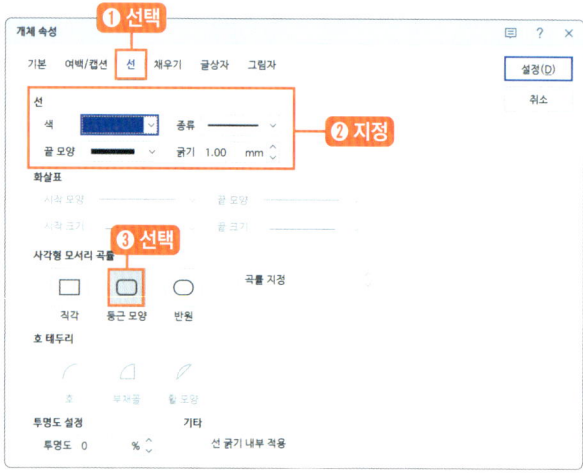
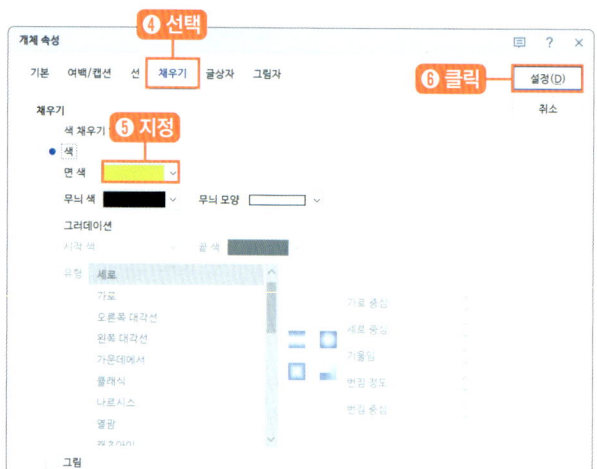
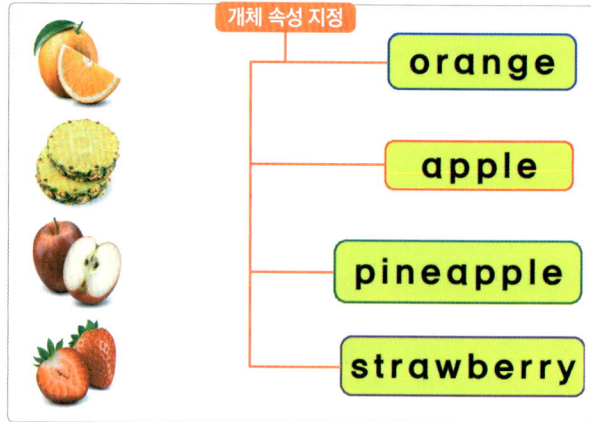

02 곡선 그리기

1. [입력] 탭에서 '곡선'을 선택하면 마우스 포인터가 그림을 그릴 수 있는 모양(+)으로 바뀝니다.

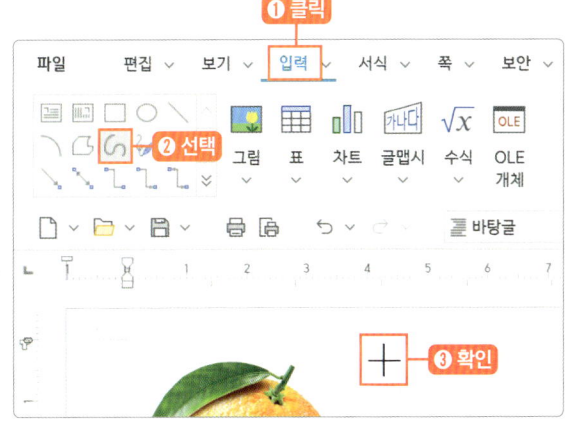

2. 곡선을 그리고자 하는 위치에 마우스 포인터(+)를 놓고 클릭을 한 후 드래그 합니다. 이어서, 다른 꼭짓점을 만들 위치로 마우스를 이동하여 클릭하면 곡선으로 연결이 됩니다. 또한 원하는 곡선 모양을 그린 후 더블클릭하면 곡선 그리기가 종료됩니다.

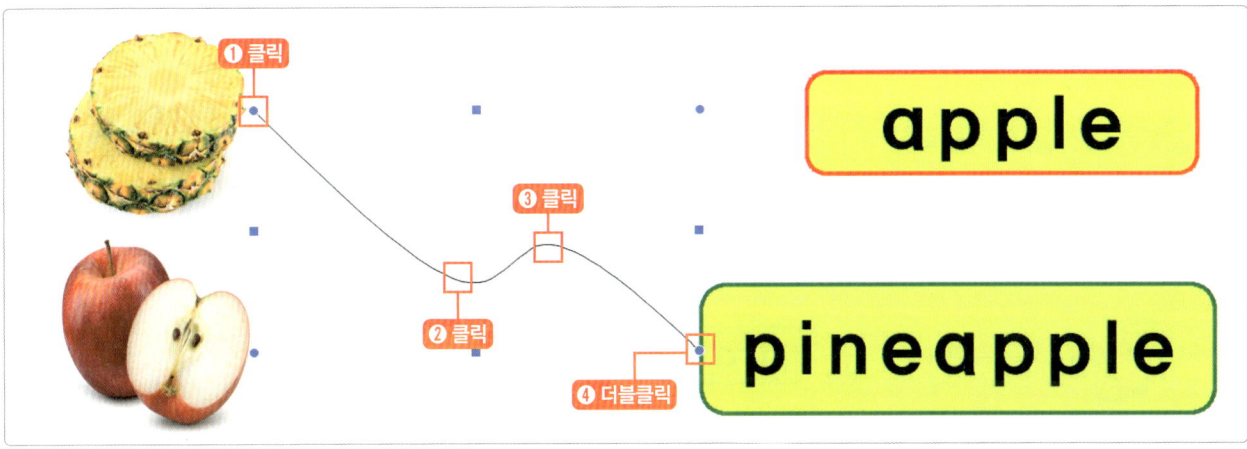

3. 입력된 곡선을 더블클릭한 다음 [개체 속성]-[선] 탭-'색(초록)', '굵기(1.00mm)'으로 변경하고, '끝 모양(삼각형 화살표　　　　　　　)'로 선택합니다. 이어서, [채우기] 탭-'색 채우기 없음'을 선택하고 <설정> 단추를 클릭합니다. 사과(apple)도 자유롭게 곡선을 그려봅니다.

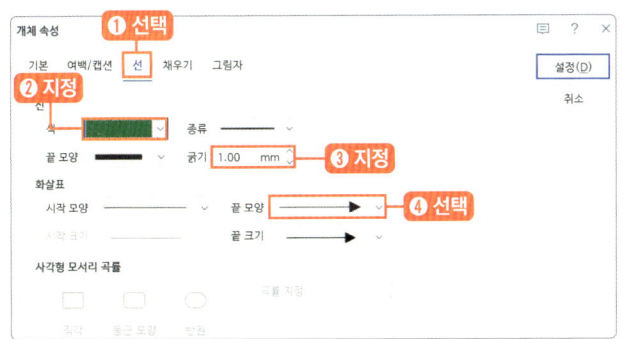 

03 연결선 그리기

1. [입력] 탭-[도형]에서 '직선 양쪽 화살표 연결선'을 선택합니다.

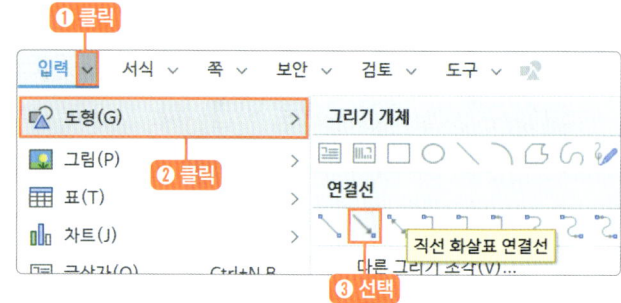

2. '오렌지' 그림 가까이 마우스 포인터(+)를 대면 가장 가까운 곳에 빨간 점이 생깁니다. 빨간 점 부분을 클릭하고 드래그 하여 'orange' 글상자에 가까이 선을 가져가면 빨간 점이 생깁니다. 이어서, 원하는 위치의 빨간 점에서 마우스 단추를 놓으면 선이 완성됩니다.

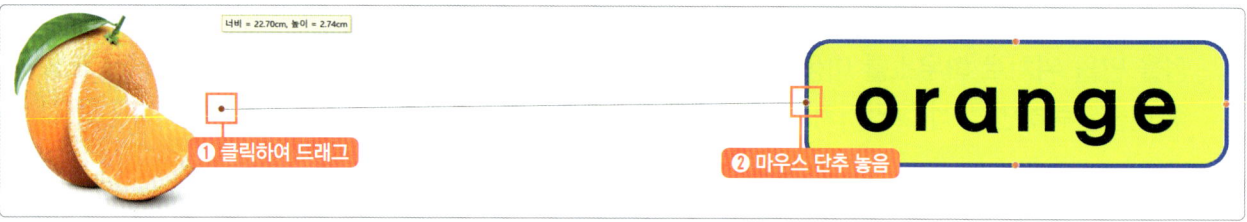

3. 입력된 곡선을 더블클릭한 후 [개체 속성]-[선] 탭-'색(파랑)', '굵기(1.00mm)'로 설정하고 화살표 모양도 지정해 봅니다.

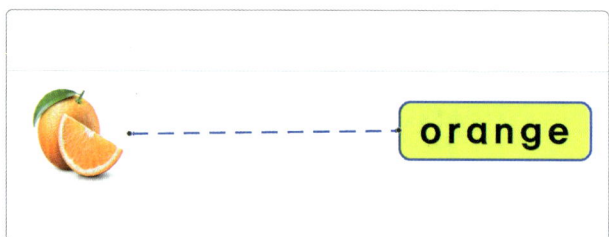
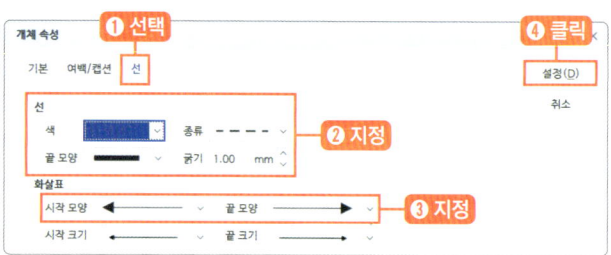

4. 나머지 과일과 글상자도 자유롭게 연결해 봅니다.

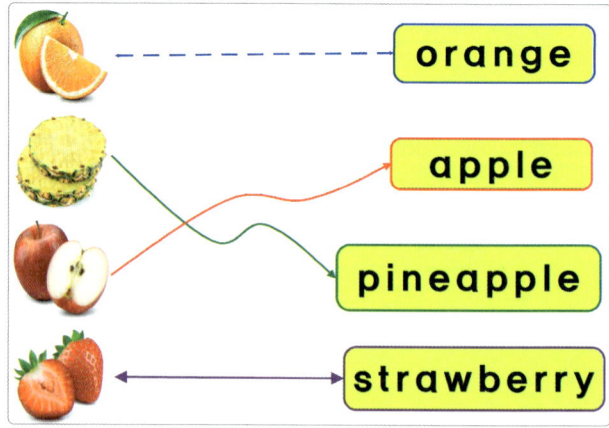

5. [파일]-[다른 이름으로 저장하기]를 클릭하고 대화상자가 나오면 본인의 폴더를 선택한 후 이름을 '좋아하는 과일(완성)'을 입력합니다. 이어서, <저장> 단추를 클릭합니다.

CHAPTER 08  혼자 뚝딱

●불러올 파일 : 연습하기 01.hwpx　●완성된 파일 : 연습하기 01(완성).hwpx

문제 01 '딸기.jpg' 그림 파일을 불러와 삽입하고 다음 그림과 같이 글상자와 직선 화살표 연결선을 입력해 봅니다.

●불러올 파일 : 연습하기 02.hwpx　●완성된 파일 : 연습하기 02(완성).hwpx

문제 02 원숭이의 그림자를 찾아 도형의 곡선을 이용하여 선 잇기를 해줍니다.
- **선 속성** : 빨강, 2pt

CHAPTER 09 내 취미는 ○○○이야

● 불러올 파일 : 가을 캠핑.hwpx   ● 완성된 파일 : 가을 캠핑(완성).hwpx

학습목표

- 글맵시 기능에 대해 알아봅니다.
- 글맵시의 선, 채우기, 글맵시 속성에 대해 알아봅니다.

오늘 배울 기능 : 글맵시

완성작품 미리보기

스토리 처음 보는 사람을 만나면 그 사람을 알기 위해 물어보는 것 중 "취미가 뭐야?"라는 질문이 빠지지 않습니다. 학생이라면 공부가 첫 번째이겠지만, 하루 24시간 공부만 할 수는 없잖아요? 휴식 시간을 더욱 알차고 재미있게 보낼 수 있는 내가 좋아하는 취미는 무엇일까요?

01 글맵시 꾸러미 삽입

1. [한글 2022]를 실행한 후 불러오기 단축키인 **Alt**+**O**를 누른 후 [불러오기] 대화 상자에서 [CHAPTER 09]-'가을 캠핑.hwpx'를 선택한 후 <열기> 단추를 클릭합니다.

2. [입력] 탭-[글맵시( )] 아래( )를 클릭하면 글맵시 이미지 꾸러미가 펼쳐집니다. 이어서, '채우기-연분홍색 그러데이션, 연회색 그림자, 물결 4 모양'을 선택합니다.

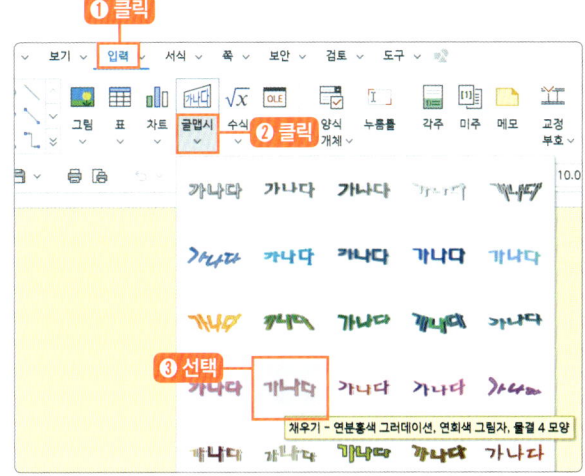

3. [글맵시 만들기] 대화상자가 나오면 내용에 '한글이와 함께'를 입력한 후 <설정> 단추를 클릭합니다.

4. 입력된 글맵시가 선택된 상태에서 '너비(100.00mm)', '높이(25.00mm)'로 설정한 후 글맵시를 가운데로 이동합니다.

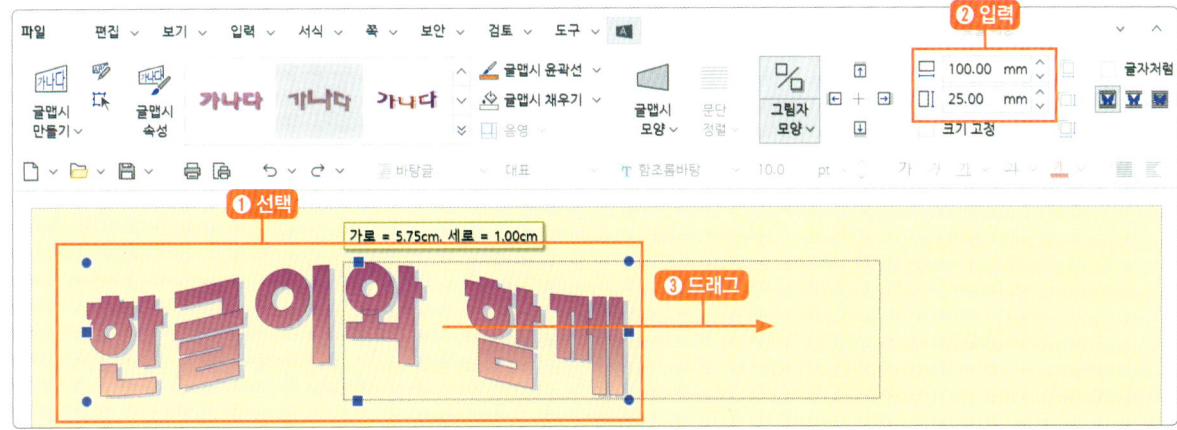

02 추가 글맵시

1. [입력] 탭에서 [글맵시]를 클릭합니다. 이어서, [글맵시 만들기] 대화상자가 나오면 '즐거운 가을캠핑' 내용을 입력한 후 글맵시 모양을 '물결 2'를 지정합니다. 이어서, <설정> 단추를 클릭합니다.

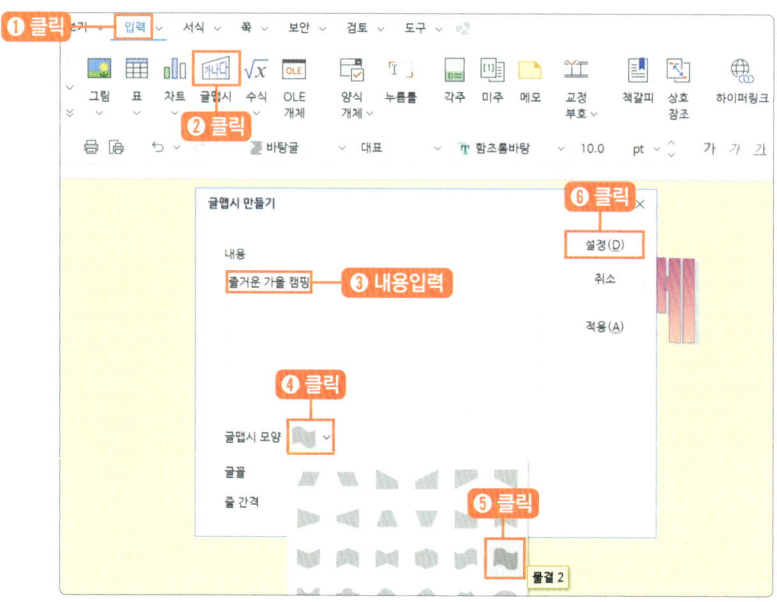

2. 다음과 같이 '즐거운 가을 캠핑' 글맵시가 만들어집니다.

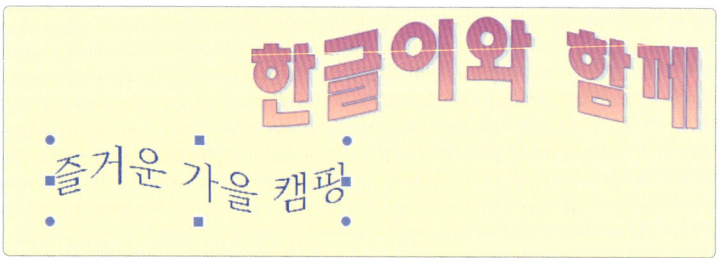

3. 입력된 글맵시를 더블클릭 한 후 [개체속성]-[선] 탭에서 선 종류는 '없음( )'을 클릭합니다.

4. [채우기] 탭에서 '그림'을 선택한 후 그림 선택( )을 클릭합니다. 이어서, [그림 넣기] 대화상자에서 [불러올 파일]-[CHAPTER 09]-'하늘배경.jpg'를 선택한 후 '문서에 포함'을 체크합니다. 이어서, <열기> 단추를 클릭한 후 [개체 속성] 대화상자에서 <설정> 단추를 클릭합니다.

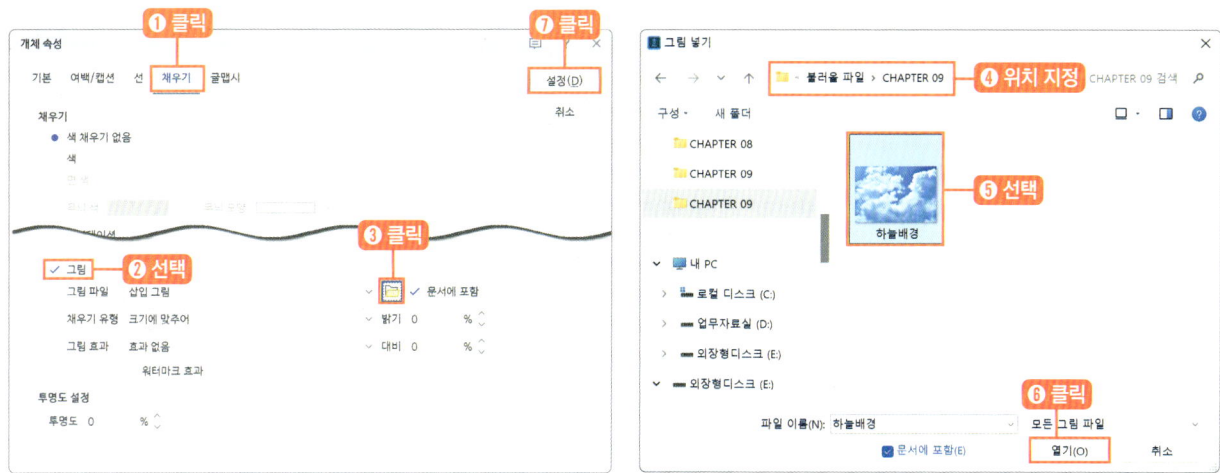

5. [개체 속성]-[글맵시] 탭에서 [글맵시 모양]을 클릭하여 '팽창' 모양, 글꼴(한컴 윤체 B)로 선택, [그림자]-'비연속'을 선택합니다. 이어서, 색과 'X 위치(1%)', 'Y 위치(4%)'로 변경하고 <설정> 단추를 클릭합니다.

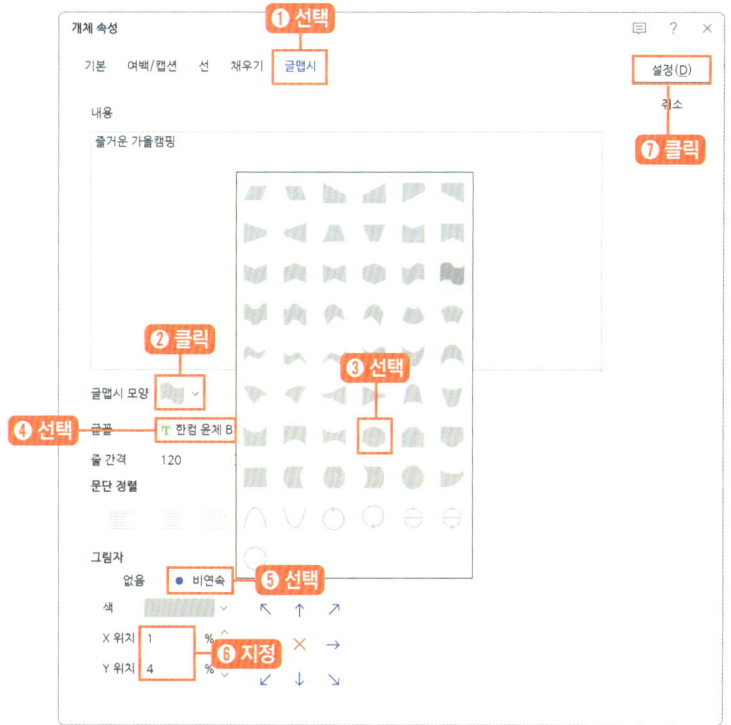

그림자 X, Y 위치의 숫자는 작을수록 글자에 가까이 그림자가 설정됩니다.

6. 완성된 글맵시를 확인합니다.

7. 입력된 글맵시를 클릭한 후 '너비(180.00mm)', '높이(70.00mm)'로 설정합니다.

8. 새로운 글맵시를 추가하기 위해 [입력] 탭에서 [글맵시(   )]를 클릭합니다. 이어서, [글맵시 만들기] 대화상자에 '함께 떠나요' 내용을 입력한 후 <설정> 단추를 클릭합니다.

9. 입력된 글맵시를 더블클릭 한 후 [개체 속성]-[채우기] 탭에서 다음과 같이 면색, 무늬 색, 무늬 모양을 지정해 줍니다.

- **개체 속성** : 면색(주황), 무늬 색(하양), 무늬 모양(체크무늬)

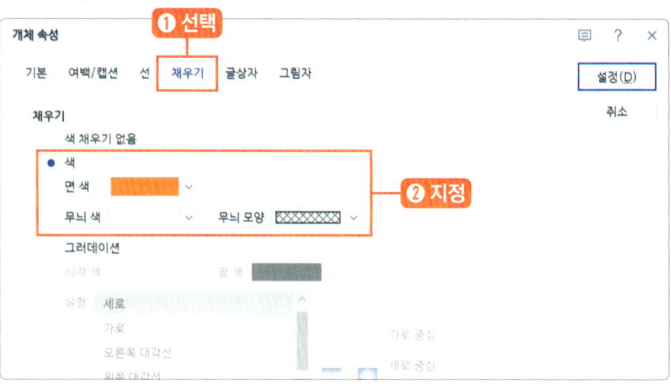

10. [개체 속성]-[글맵시] 탭에서 [글맵시 모양(▨▾)]을 클릭하여 '직사각형' 모양, 글꼴(한컴 윤체 B)를 선택하고, [그림자]-'비연속'을 선택합니다. 이어서, 색과 'X 위치(1%)', 'Y 위치(3%)'로 변경하고 <설정> 단추를 클릭합니다.

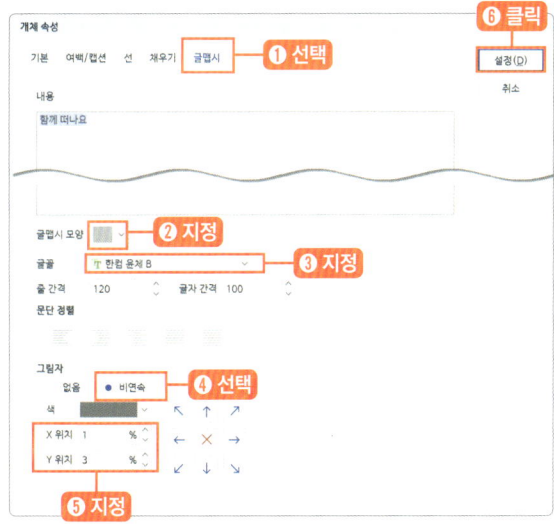

11. 입력된 글맵시를 클릭한 후 '너비(100.00mm)', '높이(25.00mm)'로 설정한 후 다음과 같이 배치합니다.

12. [파일]-[다른 이름으로 저장하기]를 클릭하고 대화상자가 나오면 본인의 폴더를 선택한 후 이름을 '가을캠핑(완성)'을 입력합니다. 이어서, <저장> 단추를 클릭합니다.

CHAPTER 09 혼자 뚝딱

● 불러올 파일 : 연습하기 01.hwpx   ● 완성된 파일 : 연습하기 01(완성).hwpx

문제 01 좋아하는 스타일을 글맵시 꾸러미에서 골라 다음과 같이 파일을 완성해 봅니다.

● 불러올 파일 : 연습하기 02.hwpx   ● 완성된 파일 : 연습하기 02(완성).hwpx

문제 02 글맵시를 추가하여 다음과 같이 포스터를 완성해 봅니다.

좋아하는 과목

CHAPTER 10

● 불러올 파일 : 없음   ● 완성된 파일 : 과학(완성).hwpx

학습목표

- 편집 용지 기능에 대해 알아봅니다.
- 도형의 그리기 개체 중 타원형, 다각형 그리기에 대해 알아봅니다.
- 원형, 다각형을 이용하여 여러 가지 글자를 만들어 봅니다.

오늘 배울 기능 : 편집 용지, 그림 삽입, 타원형, 다각형 그리기

🔍 완성작품 미리보기

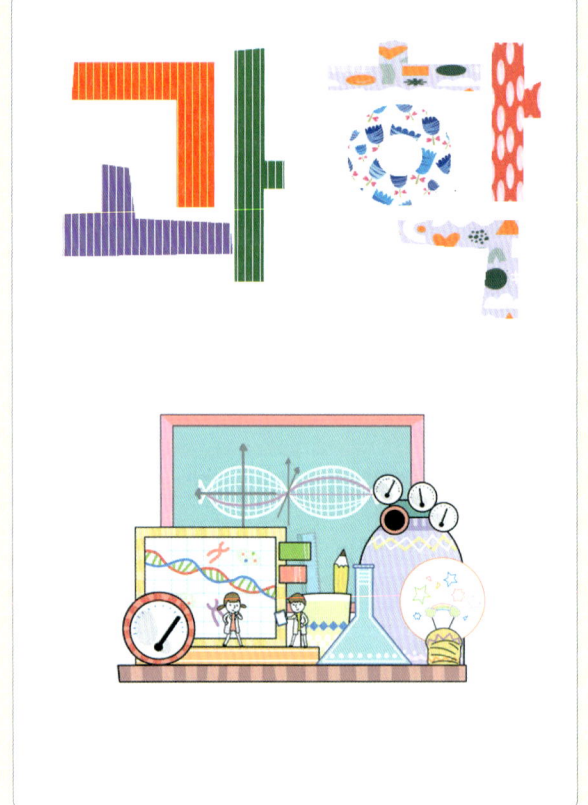

스토리 학년이 올라갈수록 배우는 과목은 늘어납니다. 설문조사에 의하면 초등학생이 가장 좋아하는 과목은 여러 가지 실험도 함께 할 수 있는 과학이라고 합니다. 여러 가지 과목 중 내가 가장 좋아하는 과목은 무엇일까요?

01 편집 용지

1. [시작(⊞)] 또는 바탕화면에서 [한글 2022(🅗)]를 실행시킵니다.

    ※ 바탕화면 아래 [작업 표시줄]에도 있어요!

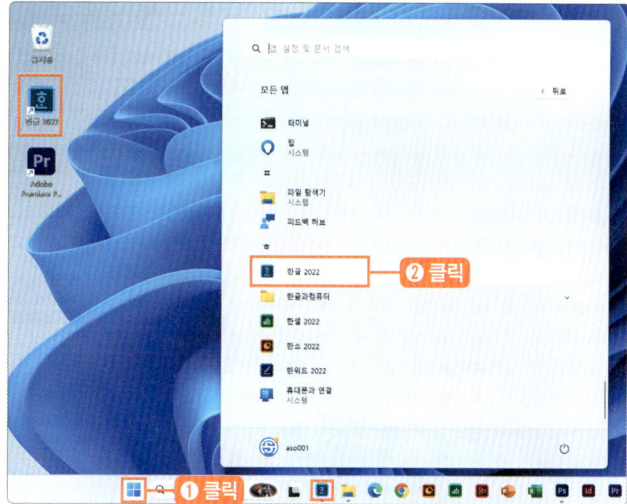

2. [쪽] 탭-[편집 용지(🗒)]를 클릭하여, 용지 여백을 '위쪽:10mm, 아래쪽:(10mm), 왼쪽:(10mm), 오른쪽:(10mm)'로 입력한 후 <설정> 단추를 클릭합니다.

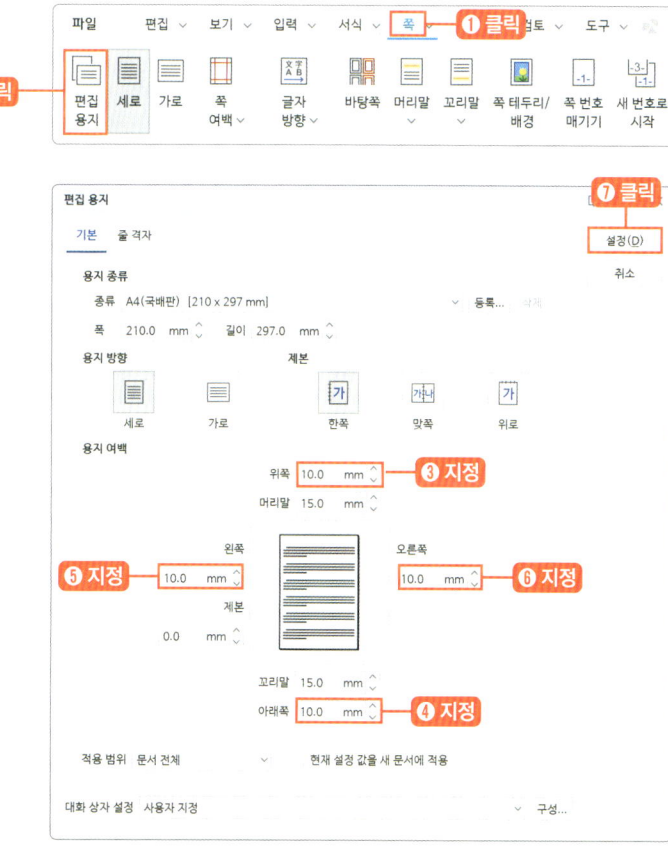

다른 방법으로 F7 키를 누르면 편집 용지가 바로 실행됩니다.

02 그림 삽입

1. [입력] 탭-[그림( )]을 클릭하고 [불러올 파일]-[CHAPTER 10]-'과학.jpg'를 선택한 후 <열기> 단추를 클릭합니다. 이어서, 마우스로 드래그한 다음 용지 아래쪽에 배치합니다.

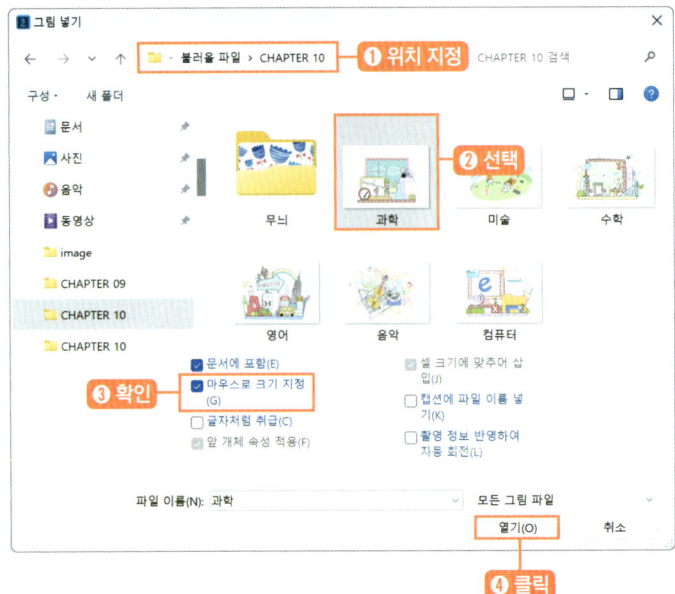 

03 다각형과 원 그리기

1. [입력] 탭-[도형]에서 '다각형'을 선택하여 문자 모양의 꼭짓점이 될 위치마다 마우스를 클릭하여 문자 모양의 다각형을 그립니다.

   ※ 다각형은 시작점에서부터 클릭하면서 도형을 만들어 줍니다. 마무리는 시작점을 클릭합니다.

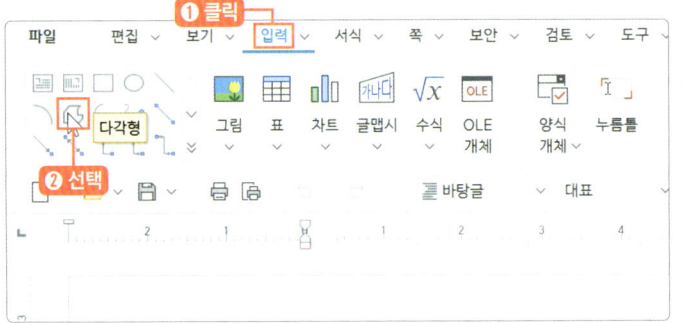 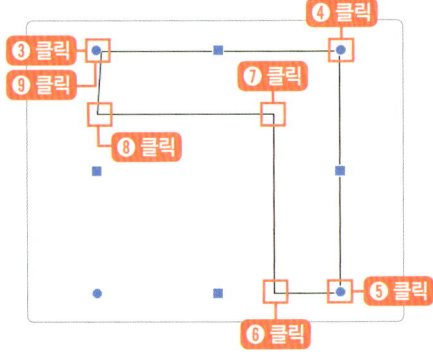

TIP Shift 키를 누르면서 그리면 반듯한 직선으로 그릴 수 있습니다.

2. 이어서, 각각 보기와 같이 다각형으로 자음과 모음을 완성합니다.

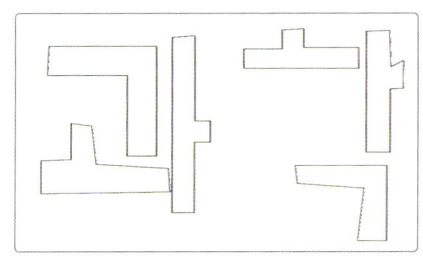

3. [입력] 탭-[도형]에서 '타원'을 선택한 후 드래그 하여 원을 두 개를 추가합니다. 이어서, 'ㅇ'을 완성합니다.

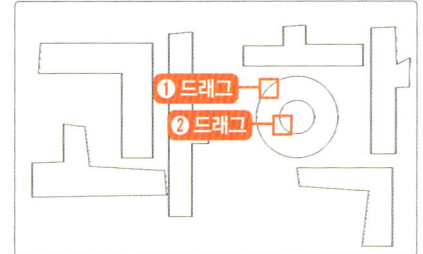

Shift 키와 함께 그리면 정원으로 그려집니다. 바깥의 큰 원부터 작은 원 순으로 그립니다. 안 쪽 작은 원이 보이지 않을 경우 바깥 쪽 큰 원을 선택한 후 [서식 도구상자]의 글 뒤로(≡)] 단추를 클릭합니다.

04 도형 꾸미기(무늬 채우기)

1. 'ㄱ' 문자 다각형의 외곽선을 더블클릭하여 [개체 속성]을 실행합니다. 이어서, [채우기] 탭에서 '면 색' '무늬 색', '무늬 모양'을 자유롭게 지정하고 [선] 탭에서 '선 없음'을 선택한 후 <설정> 단추를 클릭합니다.

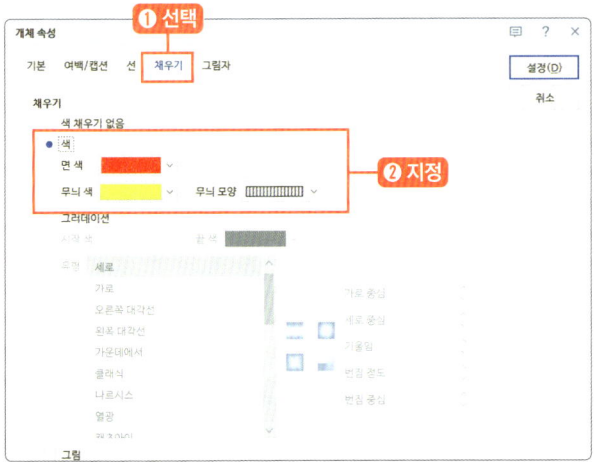 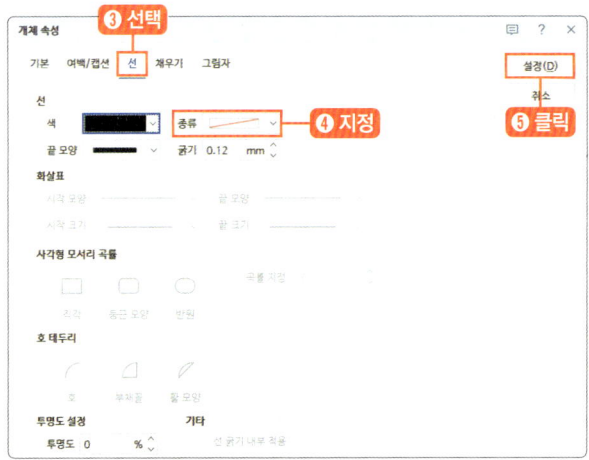

05 도형 꾸미기(그림 채우기)

1. '<u>ㅗ</u>' 문자 다각형의 외곽선을 더블클릭하여 [개체 속성]을 실행합니다. 이어서, [채우기] 탭에서 [그림(☑ 그림)]을 선택한 다음 [불러올 파일]-[CHAPTER 10]-[무늬]-'11.jpg' 파일을 선택한 후 <열기> 단추 및 <설정> 단추를 클릭합니다.

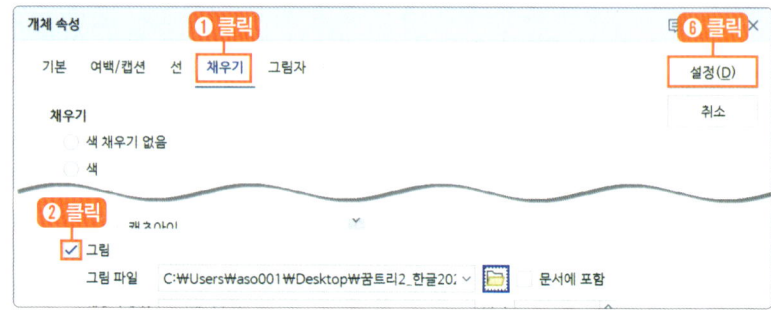

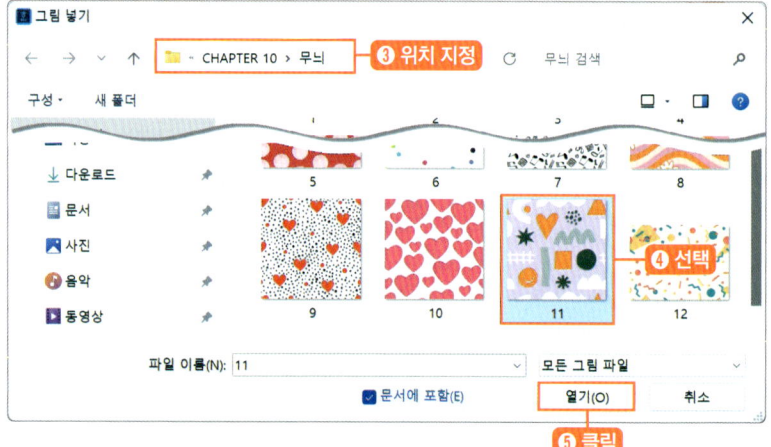

2. 각각의 도형에 자유롭게 채우기 또는 무늬를 적용하여 완성해봅니다.

3. [서식 도구상자]-[저장하기(💾)]의 [자세히(⌄)]를 클릭한 후 [다른 이름으로 저장하기]를 클릭합니다. 이어서, 본인의 폴더를 선택한 후 이름을 '과학(완성)'을 입력합니다. 이어서, <저장> 단추를 클릭합니다.

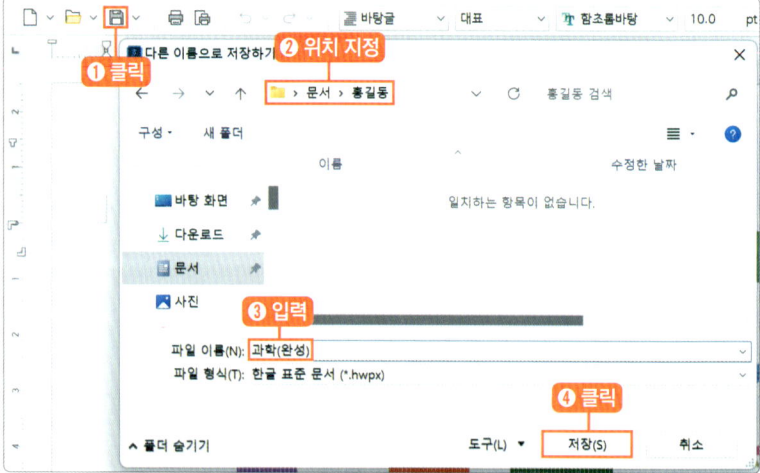

CHAPTER 10 혼자 뚝딱

● 불러올 파일 : 없음   ● 완성된 파일 : 연습하기 01(완성).hwpx

문제 01 [불러올 파일]-[CHAPTER 10]의 다른 이미지를 이용하여 내가 좋아하는 과목을 선택하여 도형 문자를 만들어 저장해 봅니다.

내가 좋아하는 여행지는 어디야?

● 불러올 파일 : 여행지.hwpx   ● 완성된 파일 : 여행지(완성).hwpx

학습목표

- 네이버를 이용하여 여행지를 검색합니다.
- 스크린 샷 기능을 이용하여 인터넷 사진을 가져옵니다.
- 그림 스타일을 꾸며봅니다.

오늘 배울 기능 : 인터넷 검색, 스크린 샷, 그림 스타일

완성작품 미리보기

스토리

"세계는 한 권의 책이다. 여행하지 않는 자는 그 책의 단지 한 페이지만을 읽을 뿐이다.(프리벨)"
살면서 해온 여행 중 가장 기억에 남는 여행이 있나요?
기억에 남는 여행지와 가고 싶은 곳을 인터넷을 통해 검색해 봅니다.

01 인터넷을 이용하여 검색하기(네이버, 구글)

1. [한글 2022]를 실행한 후 불러오기 단축키인 Alt + O를 눌러 [불러오기] 대화상자에서 [불러올 파일]–[CHAPTER 11]–'여행지.hwpx'를 선택한 후 <열기> 단추를 클릭합니다.

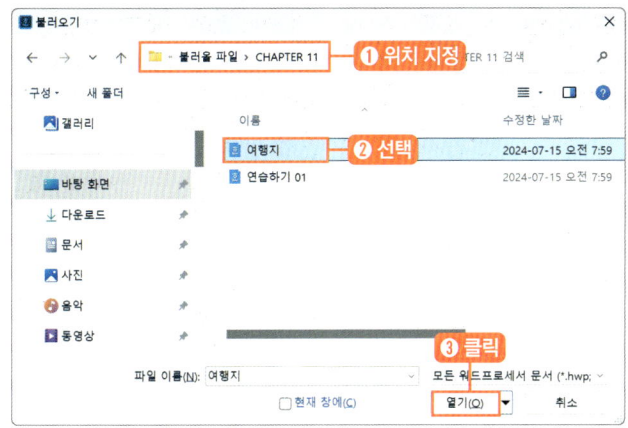
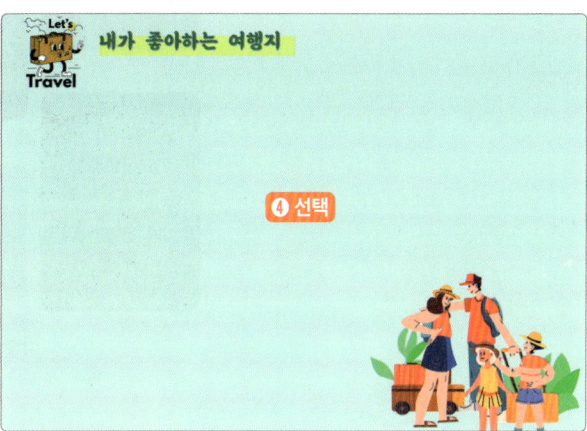

2. [윈도우( )]–[작업 표시줄]의 Microsoft Edge( ) 아이콘을 클릭하여 네이버에 접속합니다. 검색 창에 '경주여행'을 입력한 후 검색합니다.

   ※ 네이버 : www.naver.com

3. 검색한 화면에 '이미지' 아이콘을 클릭합니다.

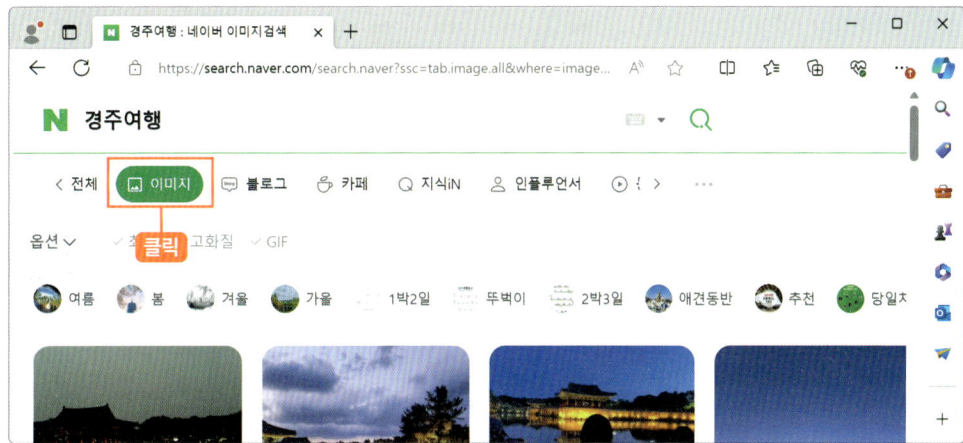

CHAPTER 11 내가 좋아하는 여행지는 어디야? • 069

4. 검색된 이미지 중 마음에 드는 이미지를 클릭하면 오른쪽에 이미지를 크게 볼 수 있습니다.

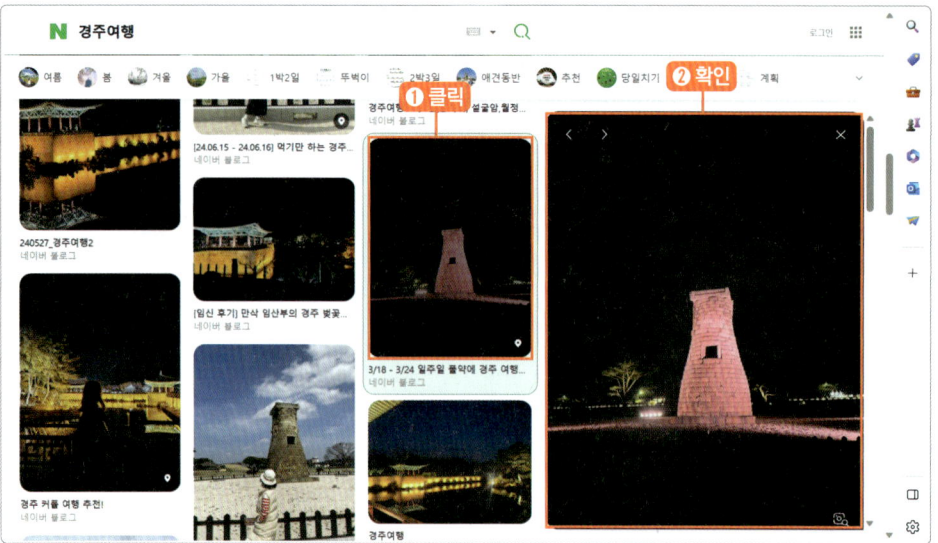

네이버와 함께 많이 쓰이는 구글사이트 (www.google.com)

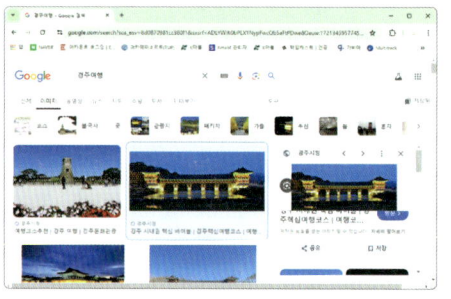

02 스크린 샷으로 화면 캡처하기

1. 열어둔 '여행지.hwpx' 파일로 와서 [입력] 탭-[그림]-[스크린 샷]-[화면 캡처]를 선택합니다.

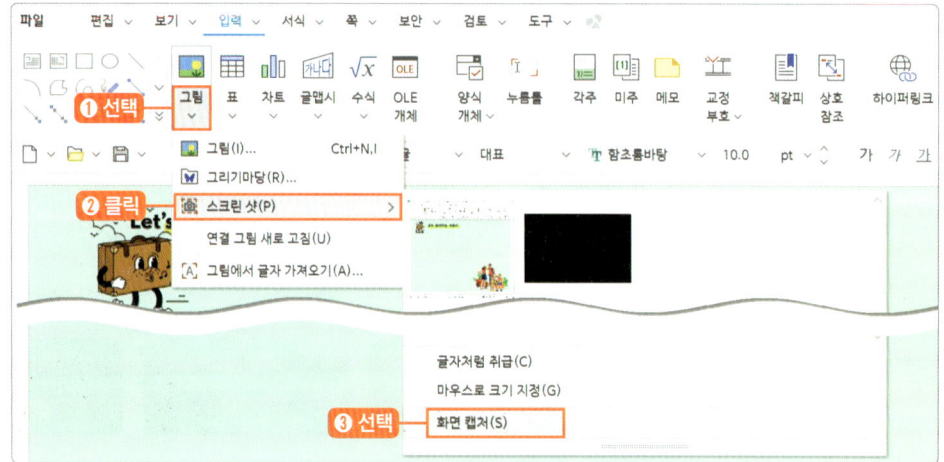

2. [화면 캡처]를 선택하고 나면 이전 인터넷 화면이 열리며 화면이 투명 검정으로 보이고 '마우스를 드래그하여 캡처할 영역을 선택하세요.'가 나타납니다. 더하기(+)모양으로 바뀐 마우스 포인터로 원하는 부분을 드래그하여 영역을 지정합니다.

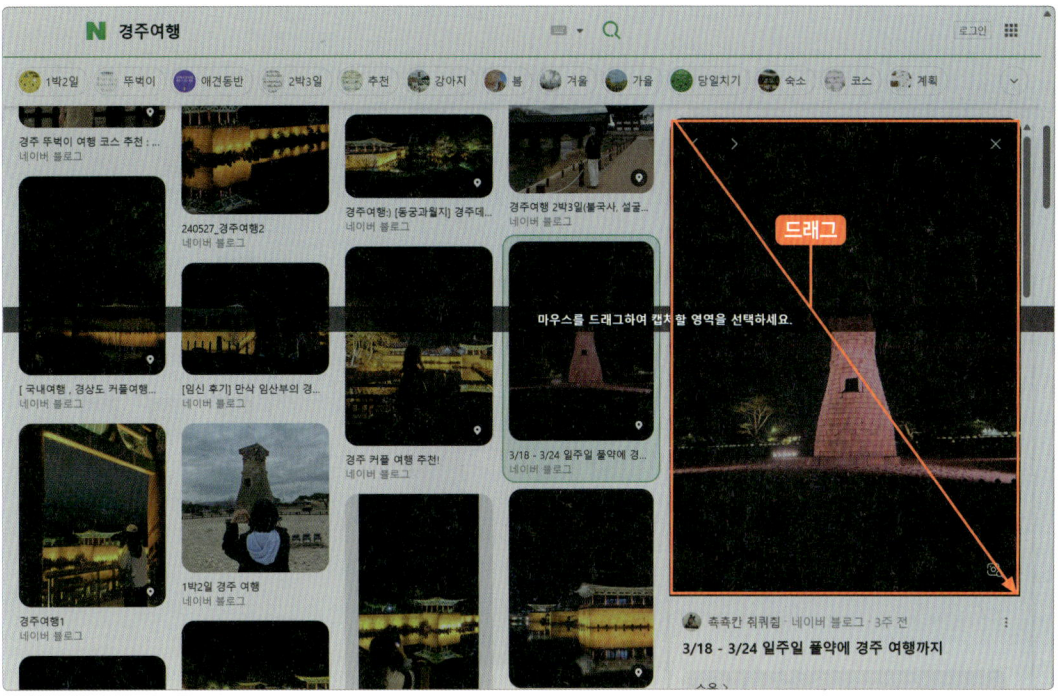

3. 아래 왼쪽 그림과 같이 한글 프로그램에 자동으로 이미지가 삽입됩니다. 이어서, 삽입된 그림을 오른쪽 그림과 같이 이동합니다.

03 그림 스타일 적용하기

1. 삽입된 그림을 선택하고 [그림(🌷)] 탭-[그림 스타일]에서 원하는 스타일을 적용합니다.

2. 같은 방법으로 다른 여행지를 검색하고 마음에 드는 이미지를 스크린 샷으로 화면 캡처하여 아래 그림과 같이 만들어 봅니다.

3. [서식 도구상자]-[저장하기(💾)]의 [자세히(˅)]를 클릭한 후 [다른 이름으로 저장하기]를 클릭합니다. 이어서, 본인의 폴더를 선택한 후 이름을 '여행지(완성)'을 입력합니다. 이어서, <저장> 단추를 클릭합니다.

CHAPTER 11 혼자 뚝딱

● 불러올 파일 : 연습하기 01.hwpx   ● 완성된 파일 : 연습하기 01(완성).hwpx

문제 01
- 인터넷을 이용해 세계에 가고 싶은 나라를 검색하여 봅니다.
- [스크린 샷]-[화면 캡처]를 이용하여 삽입하고, 그림 스타일을 자유롭게 정해 봅니다.

나의 하루

● 불러올 파일 : 그림일기.hwpx ● 완성된 파일 : 그림일기(완성).hwpx

- OLE 개체에 대해 알아봅니다.
- 개체 연결에 그림판을 활용하여 그림을 삽입해 봅니다.

오늘 배울 기능 : OLE 개체, 그림판

완성작품 미리보기

스토리 친구와 즐겁게 놀았던 일, 선생님께 꾸중 들은 일, 부모님과 함께 보낸 시간들.. 모두 나의 하루 일상입니다. 나의 하루를 여러분은 어떻게 기록하고 계시는가요?

01 일기 내용 입력하기

1. [한글 2022]를 실행한 후 불러오기 단축키인 Alt + O를 눌러 [불러오기] 대화상자에서 [불러올 파일]-[CHAPTER 12]-'그림일기.hwpx'를 선택한 후 <열기> 단추를 클릭합니다.

2. 그림 일기에 제목과 내용을 자유롭게 입력합니다.

02 OLE 개체 기능(그림판 삽입)

1. 일기장 그림이 들어갈 위치를 클릭하고 [입력] 탭-[OLE 개체(OLE)]를 클릭합니다.

2. [개체 삽입] 대화상자가 나오면 [개체 유형(T)] 목록에서 'Paintbrush Picture'를 선택하고 <확인> 단추를 클릭합니다.

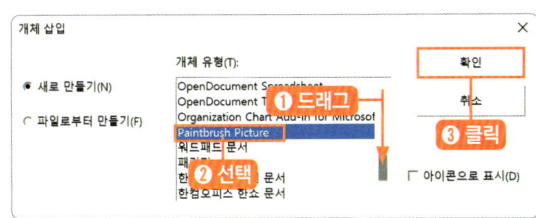

- 삽입할 수 있는 개체의 종류에는 그림, 글자, 소리, 차트, 수식, 표 등 매우 다양합니다.
- 윈도우11에서는 'Paintbrush Picture'가 그림판입니다.

3. 한글 편집창에 그림판(Paintbrush Picture) 프로그램이 실행됩니다.

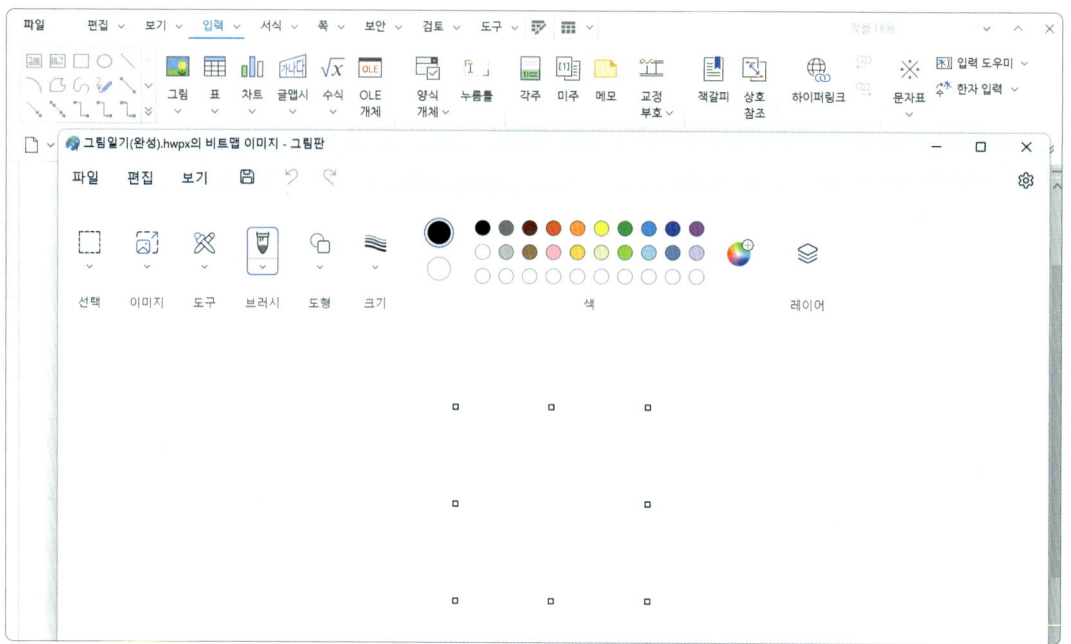

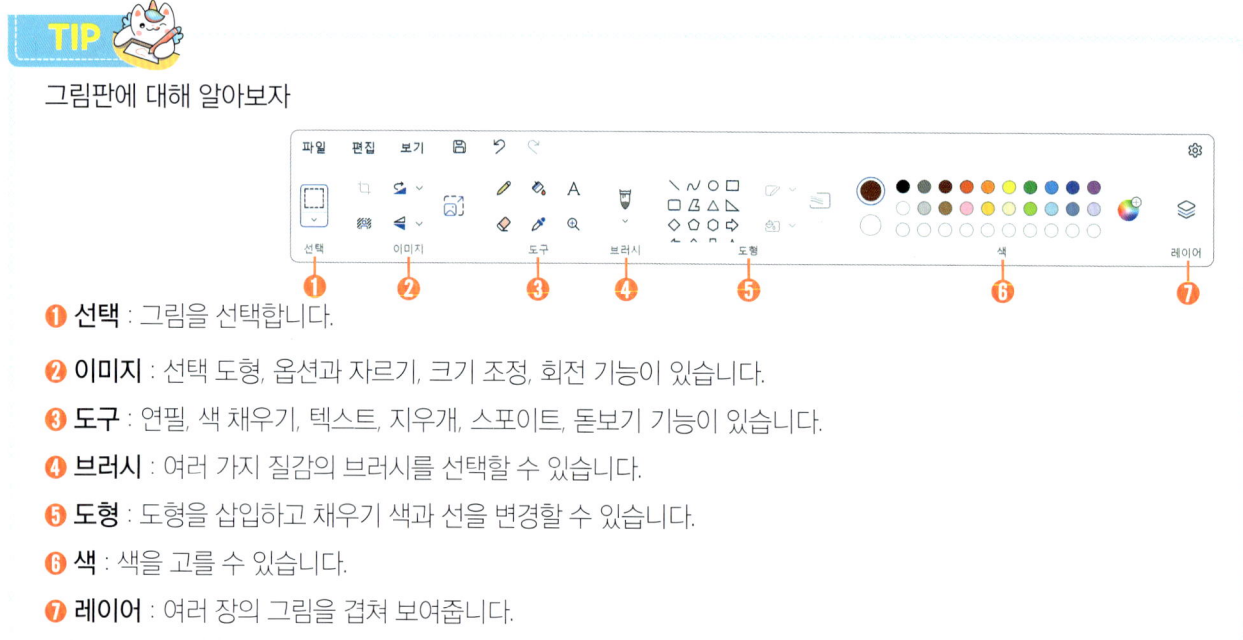

그림판에 대해 알아보자

❶ **선택** : 그림을 선택합니다.

❷ **이미지** : 선택 도형, 옵션과 자르기, 크기 조정, 회전 기능이 있습니다.

❸ **도구** : 연필, 색 채우기, 텍스트, 지우개, 스포이트, 돋보기 기능이 있습니다.

❹ **브러시** : 여러 가지 질감의 브러시를 선택할 수 있습니다.

❺ **도형** : 도형을 삽입하고 채우기 색과 선을 변경할 수 있습니다.

❻ **색** : 색을 고를 수 있습니다.

❼ **레이어** : 여러 장의 그림을 겹쳐 보여줍니다.

4. [그림판]에서 [파일]-[캔버스로 가져오기]-[파일에서]를 클릭한 후 [불러올 파일]-[CHAPTER 12]-'그림.png'를 불러옵니다.

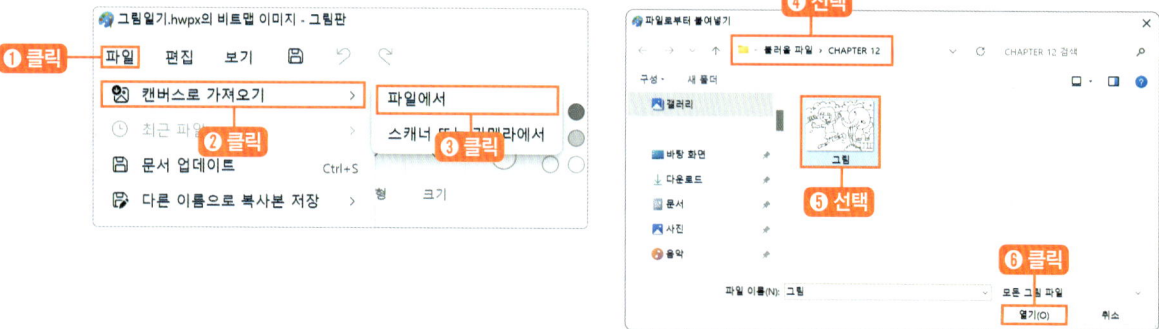

5. 그림판을 활용하여 그림에 색 칠하기 등 자유롭게 바꾸어 봅니다. 그림판에 그림이 한글 프로그램에 바로 반영이 되는 것을 확인할 수 있습니다.

< 그림판 >

< 한글 2022 >

6. 그림을 편집하였으면 그림판 프로그램 창을 닫고 그림판 편집을 끝냅니다.

7. 문서 창의 현재 커서 위치에 그림이 삽입됩니다. 이어서, 그림의 위치와 크기를 드래그하여 수정해 봅니다.

8. [서식 도구상자]-[저장하기(💾)]의 [자세히(∨)]를 클릭한 후 [다른 이름으로 저장하기]를 클릭합니다. 이어서, 본인의 폴더를 선택한 후 이름을 '그림일기(완성)'을 입력하고 <저장> 단추를 클릭합니다.

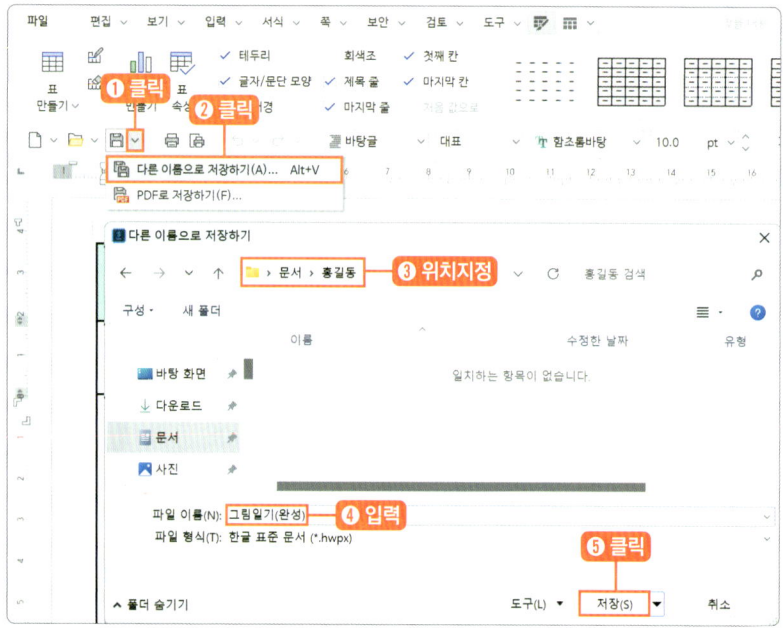

[저장하기]와 [다른 이름으로 저장하기]의 차이

- [저장하기]는 불러온 파일에 작업한 내용을 이름 변경 없이 불러온 파일과 같은 이름으로 저장합니다.
- [다른 이름으로 저장하기]는 다른 이름을 지정하고 원하는 저장 위치를 바꿀 수 있습니다.

CHAPTER 12 혼자 뚝딱

● 불러올 파일 : 연습하기 01.hwpx   ● 완성된 파일 : 연습하기 01(완성).hwpx

문제 01 ▶ 빈 칸에 OLE 개체의 그림판을 이용하여 나의 표정을 그려 봅니다.

● 불러올 파일 : 연습하기 02.hwpx   ● 완성된 파일 : 연습하기 02(완성).hwpx

문제 02 ▶ 문서에 OLE 개체의 그림판을 이용하여 스티커 이미지를 만들어 저장해 봅니다.

우리 가족을 소개합니다.

● 불러올 파일 : 가족 소개.hwpx ● 완성된 파일 : 가족 소개(완성).hwpx

- 표 만들기를 할 수 있습니다.
- 표 마당을 활용하여 표를 꾸며볼 수 있습니다.

오늘 배울 기능 : 표 만들기, 표 마당

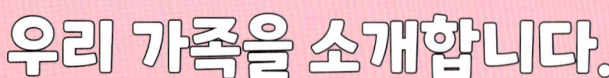

부르는 호칭	잘하는 것	특징
할아버지	안아주기	항상 웃어주세요
할머니	요리	음식솜씨가 최고예요
아버지	운동	함께 게임을 해주세요
어머니	요리	항상 칭찬만 해주세요
나	운동	매일 운동을 해요
오빠	축구	축구선수가 꿈이예요
동생	종이접기	장난꾸러기예요

스토리 세상에는 많은 다양한 종류의 가족이 있습니다. 구성원이 많은 대가족도 있고, 단 두 명으로만 이루어진 가족도 있습니다. 내 가족의 모습은 어떤 모습일까요? 세상에서 가장 사랑하는 내 가족들을 소개해 봅니다.

01 표 만들기

1. [파일 탐색기]를 실행한 후 [불러올 파일]-[CHAPTER 13]-'가족 소개.hwpx'를 더블클릭하여 해당 문서를 한글 2022에서 자동으로 불러옵니다.

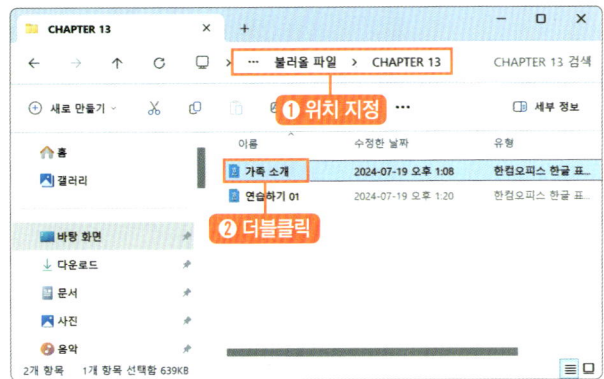

2. [입력] 탭의 [표(▦)]를 클릭하여 '줄 수(8), 칸 수(3)', '글자처럼 취급'을 선택한 후 <만들기> 단추를 클릭합니다.

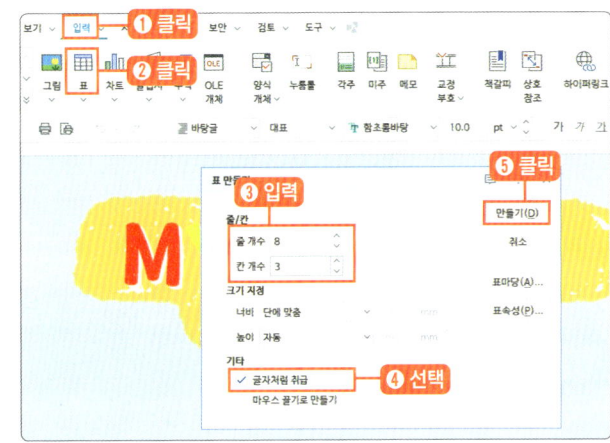

3. 셀 크기를 다음과 같이 조절합니다.
   - 표 전체를 블록으로 지정하기 위해 표 안을 클릭한 후 F5 키를 세 번 누릅니다. 이어서, Ctrl + ↓ 키를 세 번 눌러 표 크기를 조정합니다.

- F5 키 한 번 : 셀 한 개 선택(회색점), F5 키 두 번 : 셀 고정 선택(빨간점), F5 키 세 번 : 표 전체 블록 지정
- Ctrl + ↓, ↑, →, ← : 방향에 따라 크기 변경

4. 표 안에 다음과 같이 내용을 입력합니다.

02 표 마당

1. 표 안을 클릭한 후 [표 디자인] 탭-[표 마당]의 자세히(⌄)를 클릭합니다. 이어서, [밝게]-'밝은 스타일2-분홍 색조'를 선택합니다.

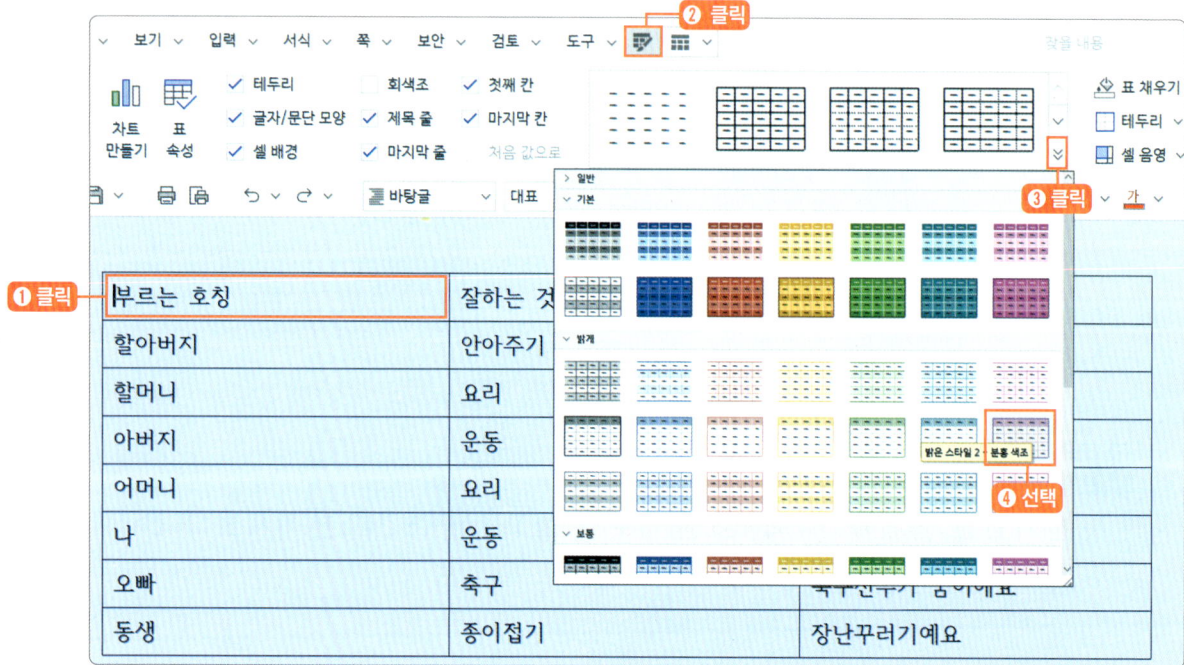

표 마당 : 표 마당의 다양한 표 스타일을 선택하면 자동으로 스타일이 적용됩니다.

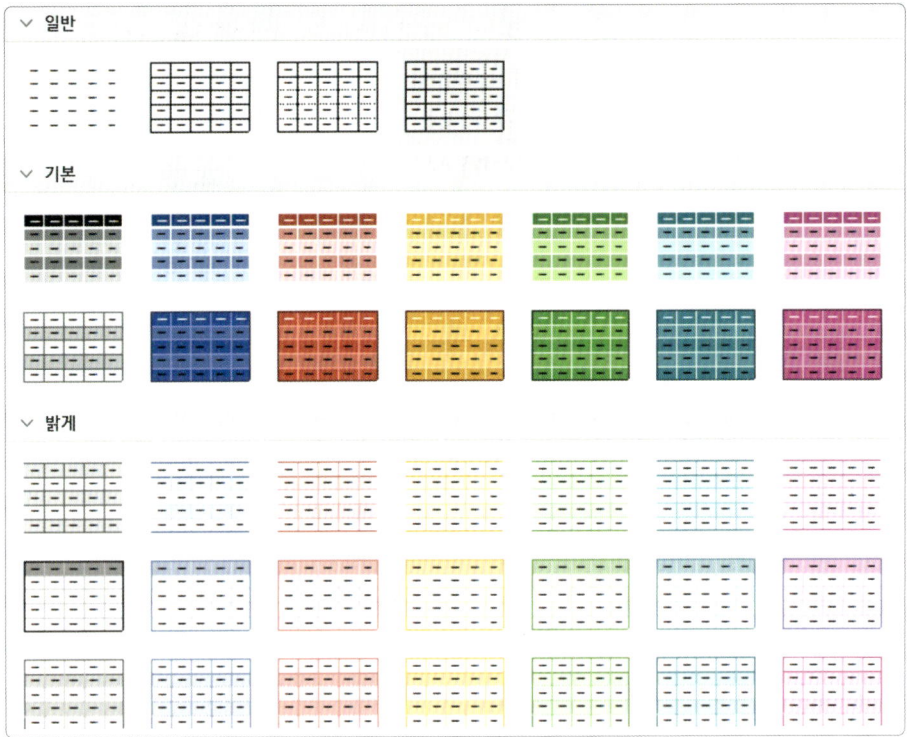

03 내용 편집하기

1. 표 전체를 블록으로 지정한 후 글꼴과 크기를 변경하고 가운데 정렬합니다. 이어서, 글자 크기에 맞게 각각 열의 크기를 조절합니다.

   • **글자 모양** : 글꼴(한컴 윤고딕 230), 크기(21pt), 가운데 정렬

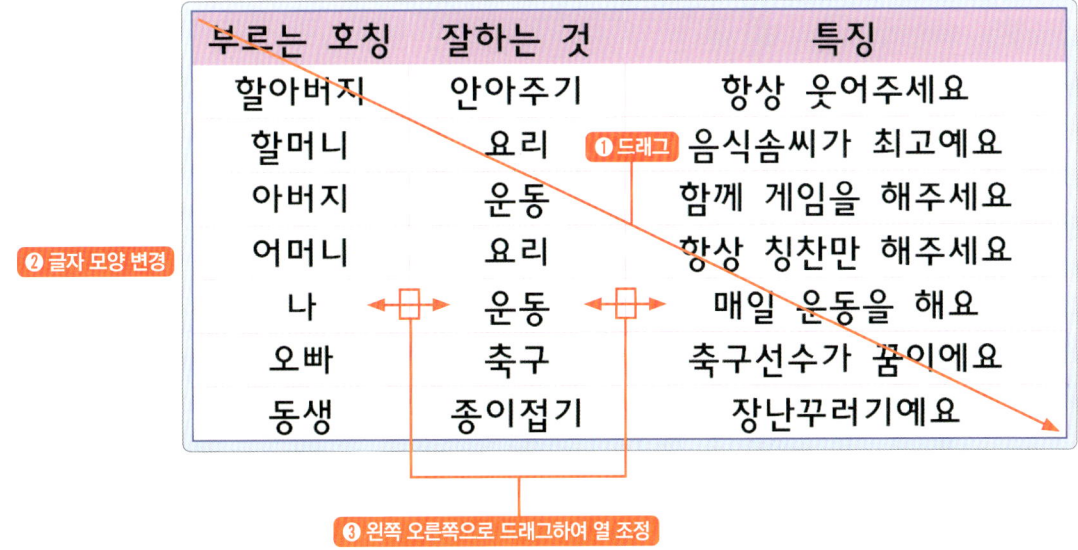

CHAPTER 13 우리 가족을 소개합니다. • 083

2. 표의 첫 번째 줄을 블록으로 지정하여 글꼴 색을 '하양'으로 변경합니다.

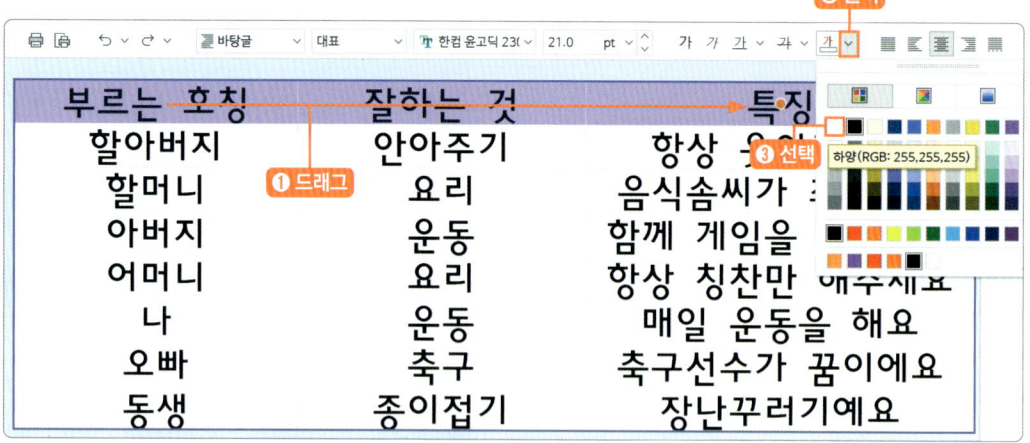

3. 아래 그림을 보고 글자색을 자유롭게 변경하고 셀의 크기도 적절하게 조절합니다.

부르는 호칭	잘하는 것	특징
할아버지	안아주기	항상 웃어주세요
할머니	요리	음식솜씨가 최고예요
아버지	운동	함께 게임을 해주세요
어머니	요리	항상 칭찬만 해주세요
나	운동	매일 운동을 해요
오빠	축구	축구선수가 꿈이에요
동생	종이접기	장난꾸러기예요

4. [서식 도구상자]-[저장하기(💾)]의 [자세히(˅)]를 클릭한 후 [다른 이름으로 저장하기]를 클릭합니다. 이어서, 본인의 폴더를 선택한 후 이름을 '가족 소개(완성)'을 입력합니다. 이어서, <저장> 단추를 클릭합니다.

CHAPTER 13 혼자 뚝딱

● 불러올 파일 : 연습하기 01.hwpx   ● 완성된 파일 : 연습하기 01(완성).hwpx

문제 01 다음과 같이 표를 이용하여 비상 연락망을 만들어 봅니다.

 작업 순서

1. '연습하기 01.hwpx' 파일을 불러옵니다.
2. [입력] 탭에 [표] 선택 '줄 수(8), 칸 수(3)'로 설정합니다.
3. 글꼴(한컴 윤고딕 250), 크기(23pt)
4. [표 마당]에서 '보통 스타일1- 초록색' 선택

내가 만드는 캐릭터

● 불러올 파일 : 버섯 머리.hwpx ● 완성된 파일 : 버섯 머리(완성).hwpx

- 표 만들기를 할 수 있습니다.
- 셀 테두리 / 배경 속성을 변경할 수 있습니다.

오늘 배울 기능 : 표 만들기, 셀 테두리 / 배경

완성작품 미리보기

스토리 사람들은 멋진 캐릭터를 좋아합니다. 여러분도 가장 좋아하는 이야기를 떠올려 보세요. 그리고 좋아하는 캐릭터를 생각해 봅니다. 나만의 독특한 캐릭터를 직접 만들어보면 어떨까요?

01 표 만들기

1. [파일 탐색기]를 실행한 후 [불러올 파일]-[CHAPTER 14]-'버섯머리.hwpx'를 더블클릭하여 해당 문서를 한글 2022에서 자동으로 불러옵니다.

2. 첫 페이지에서 [입력] 탭의 [표]를 클릭하여 '줄 수(18), 칸 수(18)', '글자처럼 취급'을 선택한 후 <만들기> 단추를 클릭합니다.

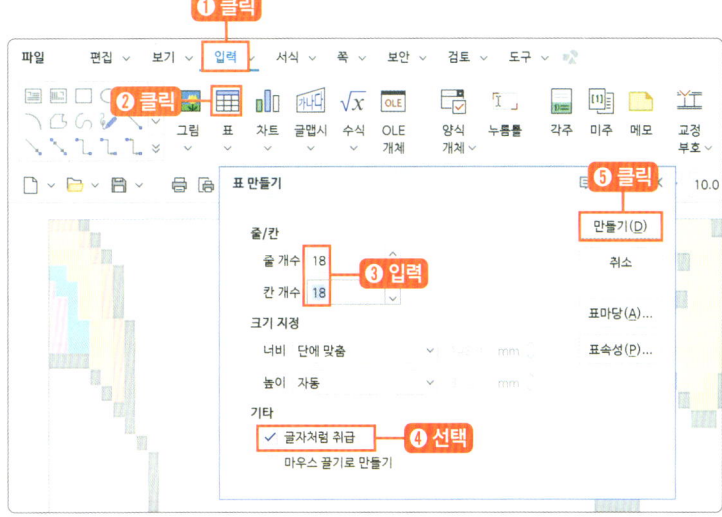

3. 셀 크기를 적당한 크기로 조절합니다.
   - **전체 크기 조절** : 표 전체를 블록 지정한 후 Ctrl + ↓ 키 3번

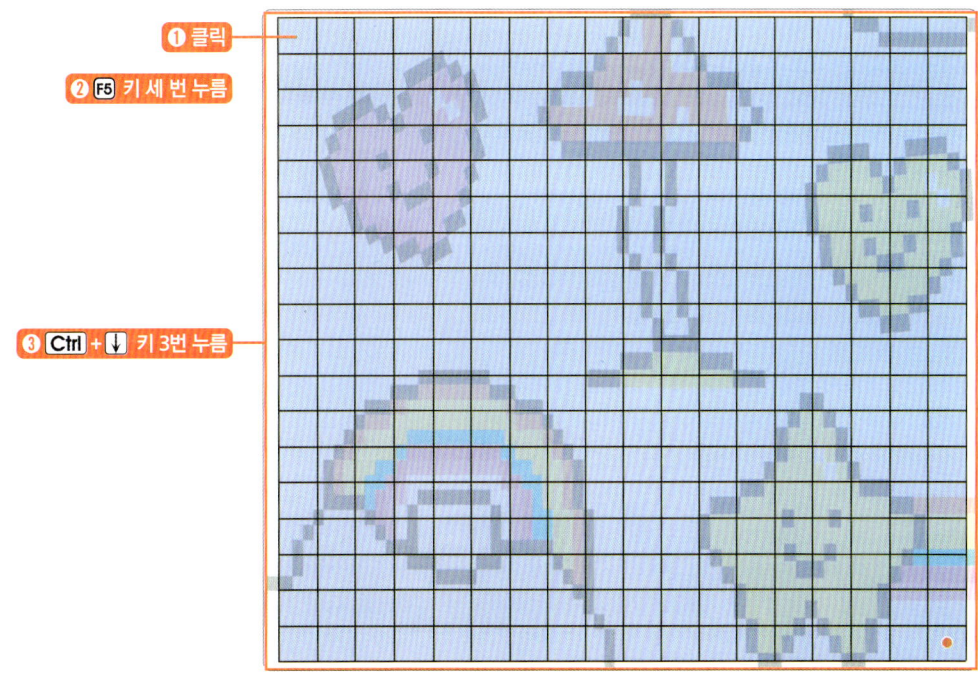

 **셀 채우기**

1. 표에 2줄 6칸에서 13칸까지 블록을 지정합니다. 이어서, 마우스 오른쪽 단추를 눌러 [셀 테두리/배경]-[각 셀마다 적용]을 선택합니다.

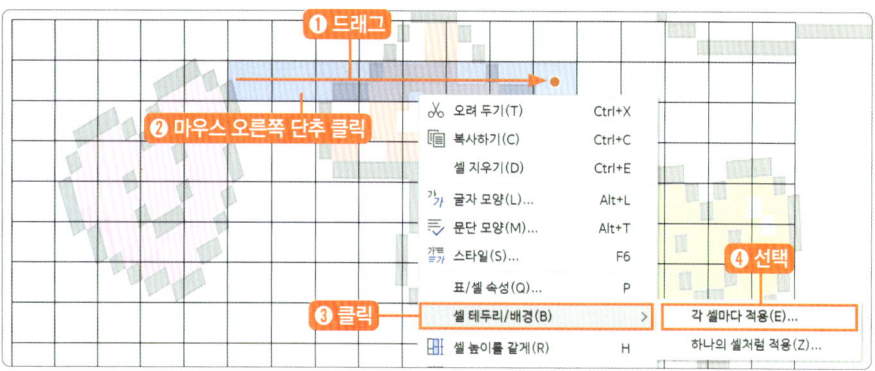

2. [셀 테두리/배경] 대화상자가 나오면 [배경] 탭에서 '색'을 선택하고 '면 색(검정)'으로 선택한 후 <설정> 단추를 클릭합니다.

3. 3줄 5칸에서 6칸을 드래그한 후 Ctrl 키를 누른 채 3줄 13칸에서 14칸을 드래그합니다. 이어서, [표 채우기]의 [∨]를 클릭한 후 검정을 선택합니다.

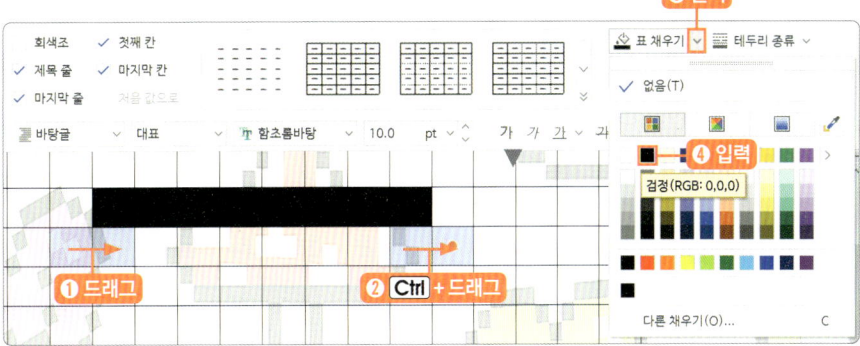

4. 다음 완성된 이미지를 참고하여 나머지 부분도 색 채우기를 합니다.

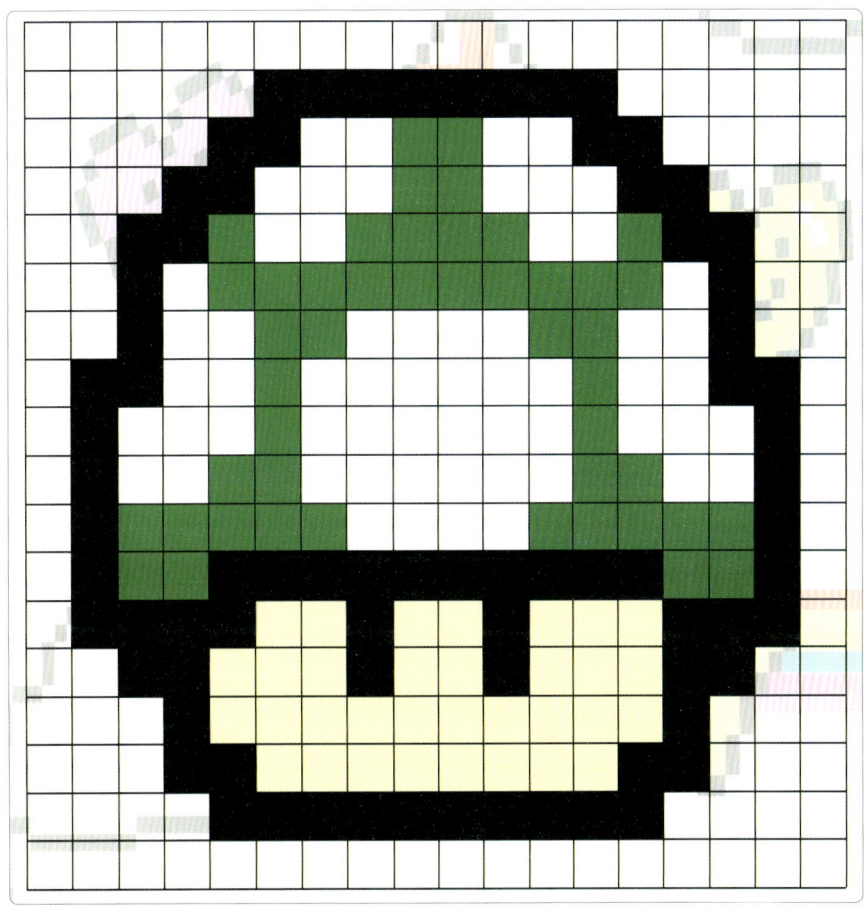

Ctrl 키 또는 Shift 키를 이용하여 셀을 선택하고 [표 디자인] 탭-[표 채우기]를 활용하면 빠르게 색을 채울 수 있습니다.

03 셀 선 없애기

1. 표 전체 블록 지정한 후 마우스 오른쪽 단추를 눌러 [셀 테두리/배경]-[각 셀마다 적용]을 선택합니다. 이어서, [테두리] 탭에 '종류(선 없음)', '모두(⊞)'를 선택하고 <설정> 단추를 클릭합니다.

   • **표 전체 블록 지정** : F5 키 3번 누름

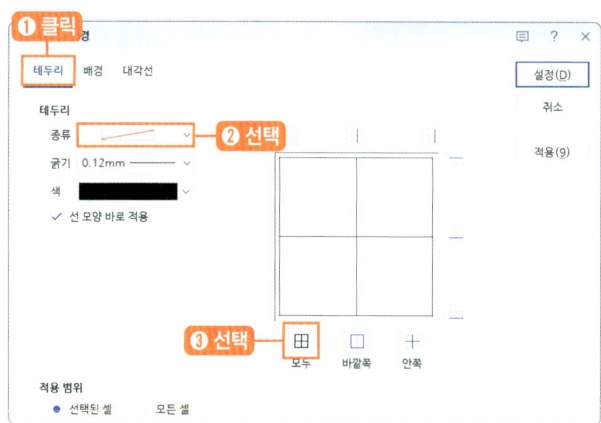 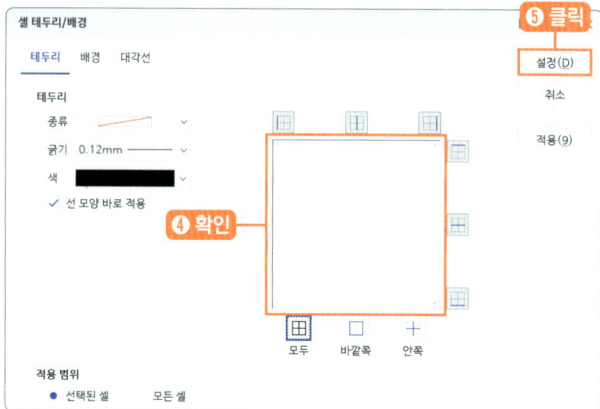

2. '2페이지'에 오른쪽 그림과 같이 빨간 버섯 머리를 만들어 봅니다.

3. [서식 도구상자]-[저장하기(💾)]의 [자세히(˅)]를 클릭한 후 [다른 이름으로 저장하기]를 클릭합니다. 이어서, 본인의 폴더를 선택한 후 이름을 '버섯 머리(완성)'을 입력합니다. 이어서, <저장> 단추를 클릭합니다.

투명 선이 보인다면?
[보기] 탭에 '투명 선' 체크를 해제합니다.

혼자 뚝딱

● 불러올 파일 : 연습하기 01.hwpx   ● 완성된 파일 : 연습하기 01(완성).hwpx

문제 01 아래 예제들을 참고하여 원하는 캐릭터를 하나만 만들어 보세요.

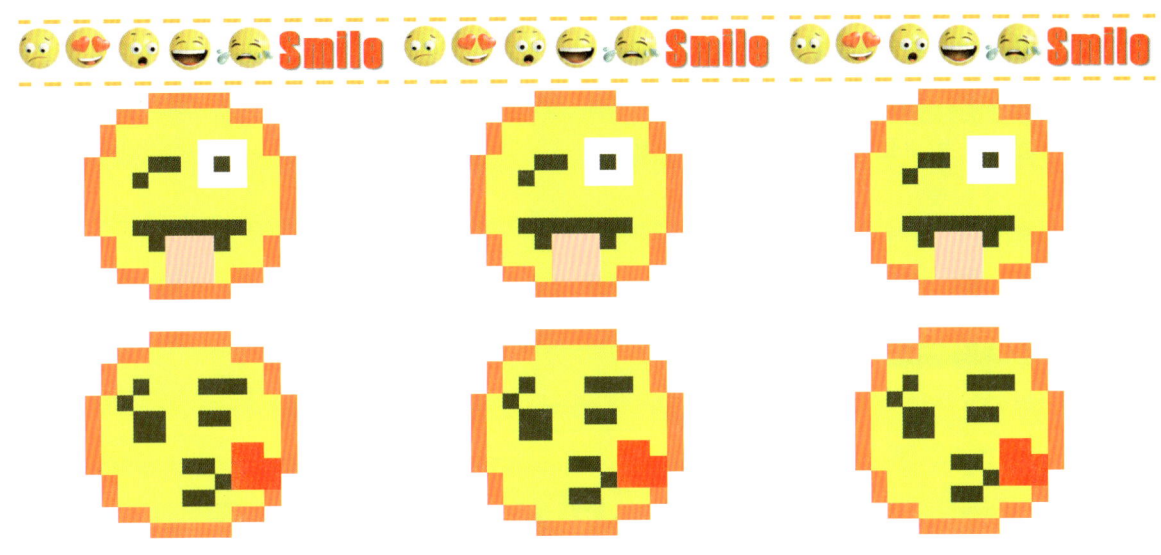

 작업 순서

1. '연습하기 01.hwpx' 파일을 불러옵니다.
2. [입력] 탭에 [표] 선택 '줄 수(15), 칸 수(15)'로 설정합니다.
3. 원하는 표정을 [표]에 '셀 채우기'를 이용하여 색을 채워줍니다.
4. 색 채우기 완료한 후 [테두리] 탭에서 '선 없음'으로 지정합니다.

CHAPTER 15 내가 좋아하는 게임

● 불러올 파일 : 공룡 스도쿠.hwpx ● 완성된 파일 : 공룡 스도쿠(완성).hwpx

학 습 목 표

- 표 만들기를 할 수 있습니다.
- 셀 테두리 / 배경 속성을 변경할 수 있습니다.

오늘 배울 기능 : 표 만들기, 셀 테두리 / 배경

완성작품 미리보기

스토리 스도쿠(Sudoku)란 '숫자가 겹치지 않아야 한다' 또는 ' 한 자릿수'라는 뜻으로, 가로와 세로 9칸씩 총 81칸으로 이뤄진 정사각형의 가로, 세로줄에 1~9의 숫자를 겹치지 않게 적어 넣는 퍼즐입니다. 너무도 재밌는 스도쿠의 세계에 빠져 봅니다.

01 표 만들기

1. [파일 탐색기]를 실행한 후 [불러올 파일]-[CHAPTER 15]-'공룡 스도쿠.hwpx'를 더블클릭하여 해당 문서를 [한글 2022]에서 자동으로 불러옵니다.

2. [입력] 탭의 [표]를 클릭하여 '줄 수(4), 칸 수(4)', '글자처럼 취급'을 선택한 후 <만들기> 단추를 클릭합니다.

3. 이어서, 셀 크기를 적당한 크기로 조절합니다.
   - 표 전체를 블록 지정한 후 Ctrl + ↓ 키를 30번 눌러 조정하고 Ctrl + ← 키를 8번 눌러 조정

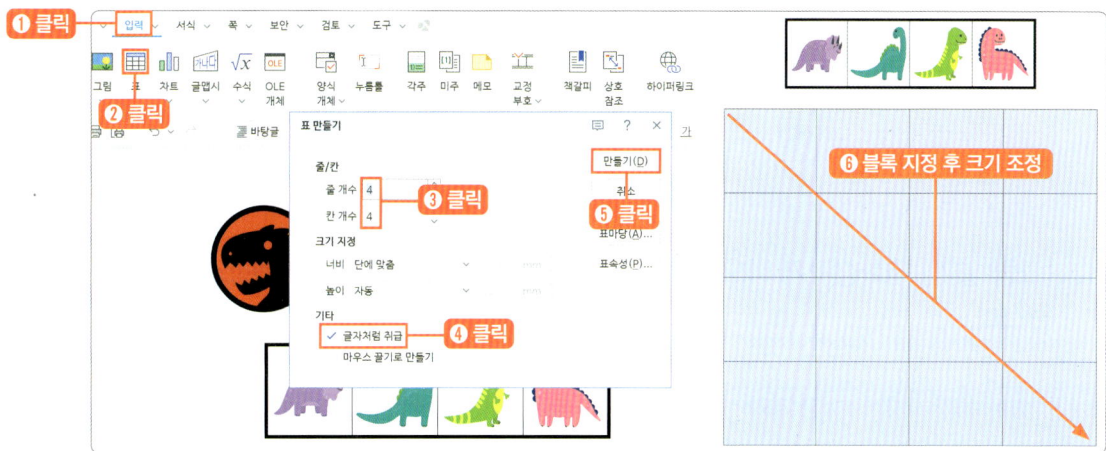

02 셀 그림 채우기

1. 표에 Ctrl 키를 누르면서 1줄 1칸, 2줄 4칸, 4줄 3칸을 블록 지정합니다.

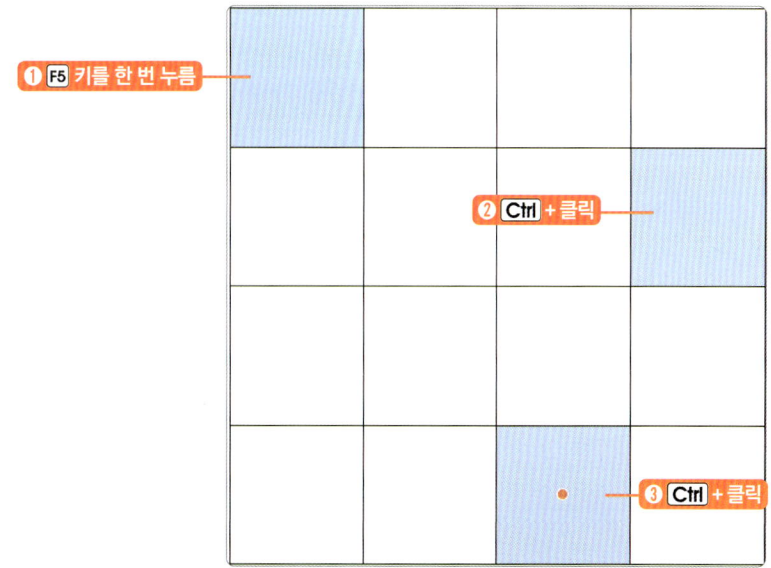

2. 마우스 오른쪽 단추를 눌러 [셀 테두리/배경]-[각 셀마다 적용]-[배경] 탭에서 '그림'의 체크 박스를 선택하고 열기(📂)를 클릭합니다.

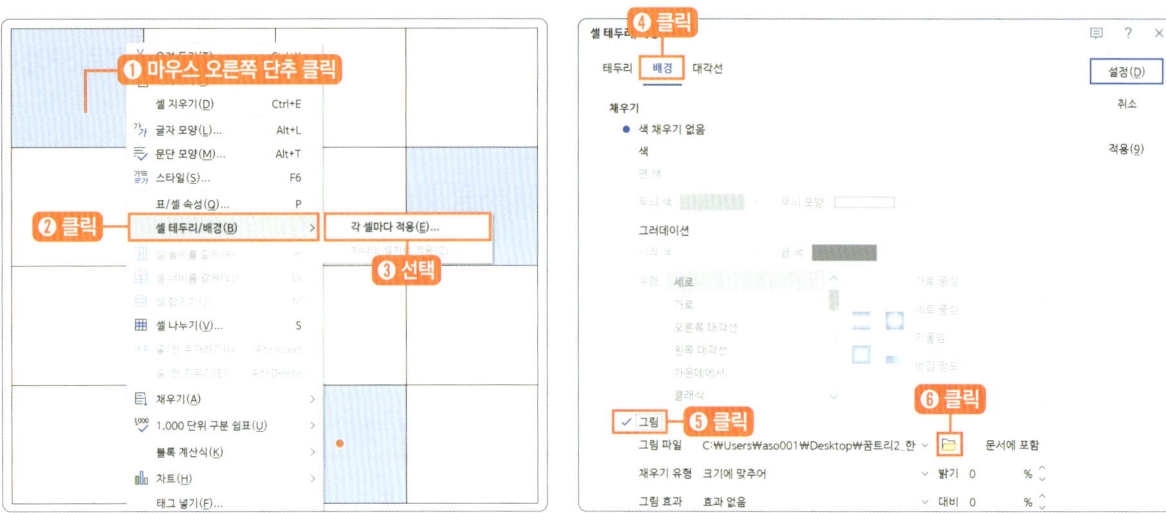

※ 그림을 처음 삽입시 ☑그림 그림을 체크하면 [그림 넣기] 대화 상자가 바로 나옵니다.

3. [그림 넣기] 대화상자가 나오면 [불러올 파일]-[CHAPTER 15]-'공룡1.jpg'를 선택하고 <열기> 단추를 클릭합니다.

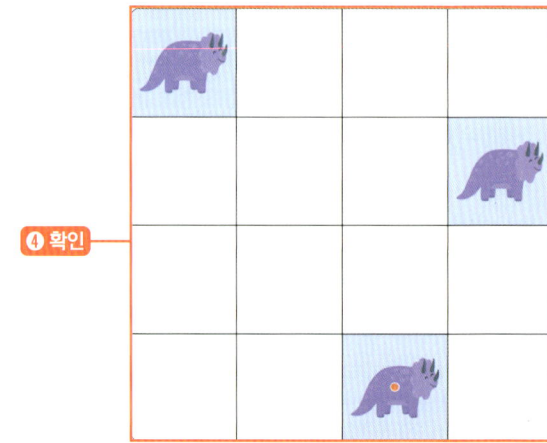

4. 나머지 '공룡2.jpg', '공룡3.jpg', '공룡4.jpg'를 다음과 같이 셀 채우기로 삽입해 줍니다.

03 셀 선 바꾸기

1. 표 전체 블록을 지정한 후 마우스 오른쪽 단추를 눌러 [셀 테두리/배경]-[각 셀마다 적용]을 선택합니다.

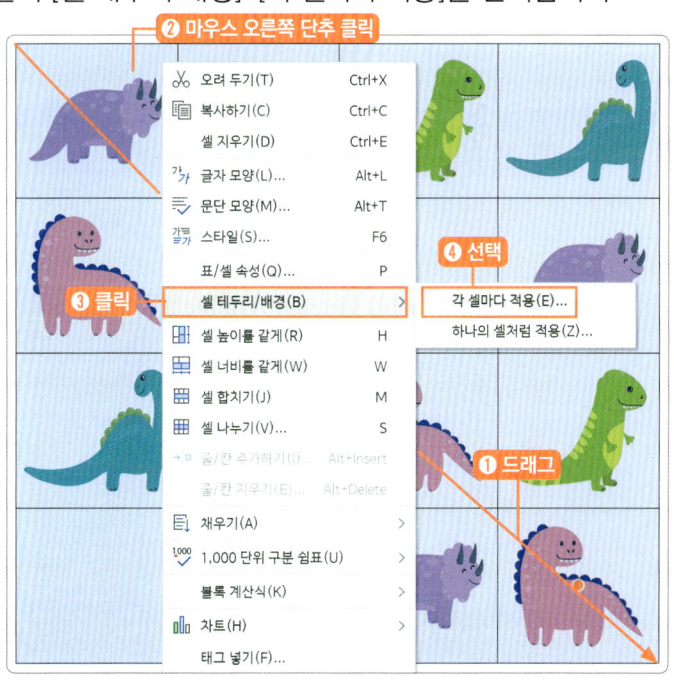

2. [셀 테두리/배경] 대화상자에서 [테두리] 탭에서 종류(실선), 굵기(0.7mm), 색(빨강), '모두'를 선택하고 <설정> 단추를 클릭합니다.

3. 완성된 스도쿠를 풀어보세요. 한 줄에 그림 한 개씩만 들어갈 수 있습니다.

4. [서식 도구상자]-[저장하기(📄)]의 [자세히(∨)]를 클릭한 후 [다른 이름으로 저장하기]를 클릭합니다. 이어서, 본인의 폴더를 선택한 후 이름을 '공룡 스도쿠(완성)'을 입력합니다. 이어서, <저장> 단추를 클릭합니다.

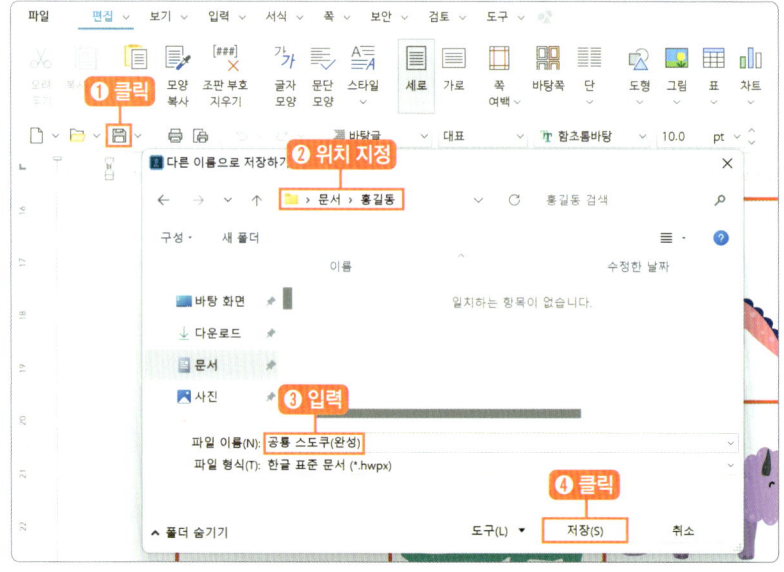

CHAPTER 15  혼자 뚝딱

● 불러올 파일 : 연습하기 01.hwpx   ● 완성된 파일 : 연습하기 01(완성).hwpx

문제 01 아래 예제들을 참고하여 숫자 스도쿠를 완성해 봅니다.
- [입력] 탭에 [표] 선택 '줄 수(9), 칸 수(9)'로 설정합니다.

SUDOKU

	3		9		8		4	
4			5		7			6
		2				5		
1	2						3	4
				9				
5	8						1	9
		3		1		6		
9			7		6			3
	5		8		2		7	

CHAPTER 15 내가 좋아하는 게임 ● 097

CHAPTER 16 나의 성장일기

● 불러올 파일 : 키 성장.hwpx   ● 완성된 파일 : 키 성장(완성).hwpx

- 차트를 삽입할 수 있습니다.
- 차트 스타일을 지정할 수 있습니다.

오늘 배울 기능 : 차트

완성작품 미리보기

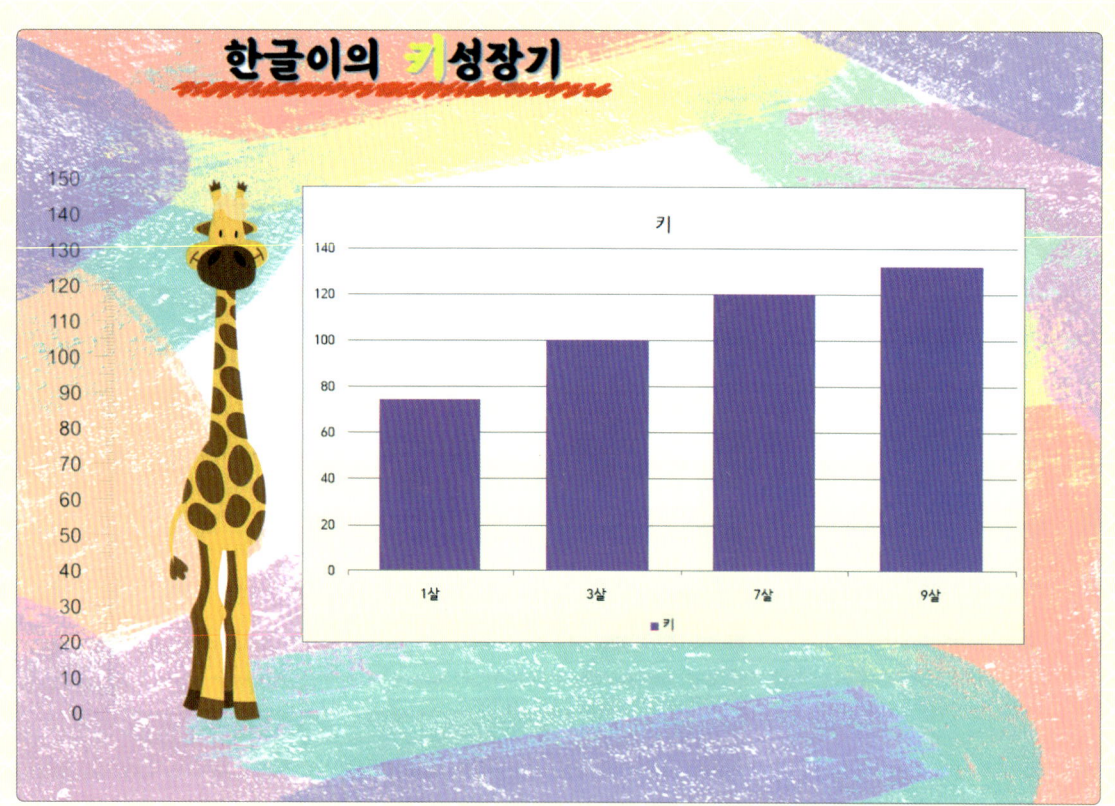

스토리 키 성장을 위해서 올바른 식습관은 아침, 점심, 저녁 규칙적인 식사를 하며, 적정한 식사 속도를 유지합니다. 매일 30분에서 1시간 꾸준히 줄넘기, 농구, 축구, 수영 등을 하며 성장기에는 올바르게 키가 클 수 있도록 노력합니다. 나의 키는 얼마나 자라고 있을까요?

01 차트 만들기

1. [파일 탐색기]를 실행한 후 [불러올 파일]-[CHAPTER 15]-'키 성장.hwpx'를 더블클릭하여 해당 문서를 [한글 2022]에서 자동으로 불러옵니다.

2. [입력] 탭의 [차트()]를 클릭합니다. 이어서, 차트 종류 중 [세로 막대형]-'묶은 세로 막대형'을 선택합니다.

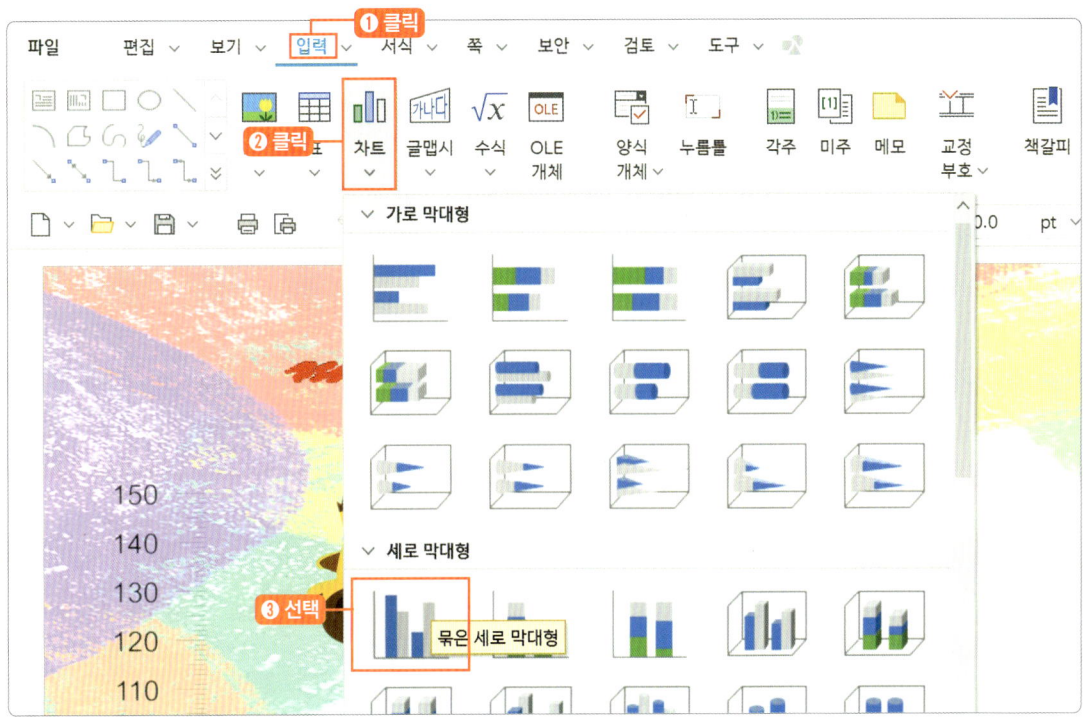

> **TIP**
> 차트는 입력된 자료들을 막대나 선, 도형, 그림 등을 사용하여 시각적으로 표현한 것으로 만들어진 차트를 보고 쉽게 데이터를 분석할 수 있습니다.

3. [차트 데이터 편집] 대화상자가 나오면 [C열]에 마우스 오른쪽 단추를 클릭하여 [지우기]를 선택하여 데이터를 삭제합니다. 이어서, [D열]이 [C열]로 변경된 [C열]도 동일한 방법으로 삭제합니다.
   ※ [C열]을 삭제하면 자동으로 [D열]이 [C열]로 변경됩니다.

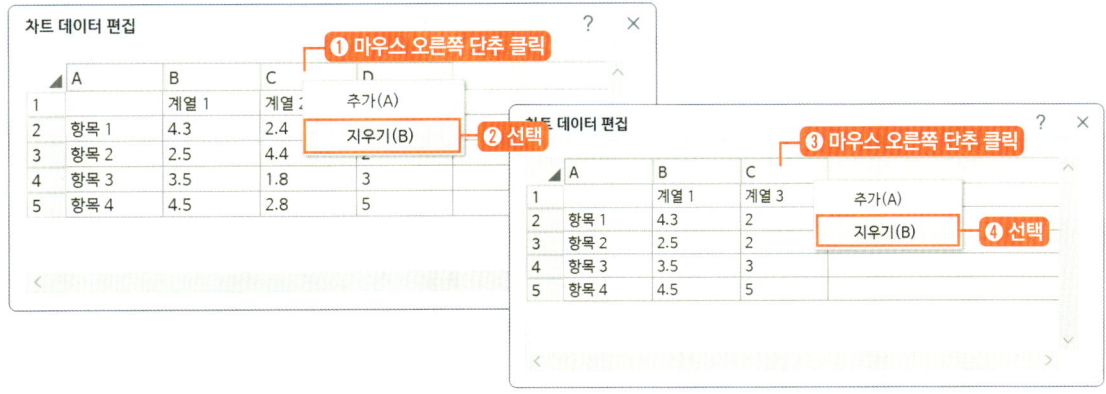

4. 각 항목을 더블클릭하여 다음과 같이 새로운 데이터를 입력한 후 '닫기(×)'를 클릭합니다.

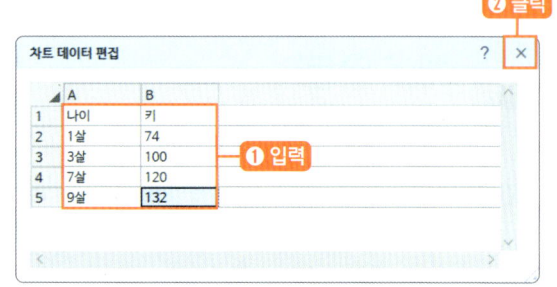

5. '2페이지'에 차트가 만들어 집니다. 차트를 드래그하여 '1페이지'로 이동시켜 줍니다.

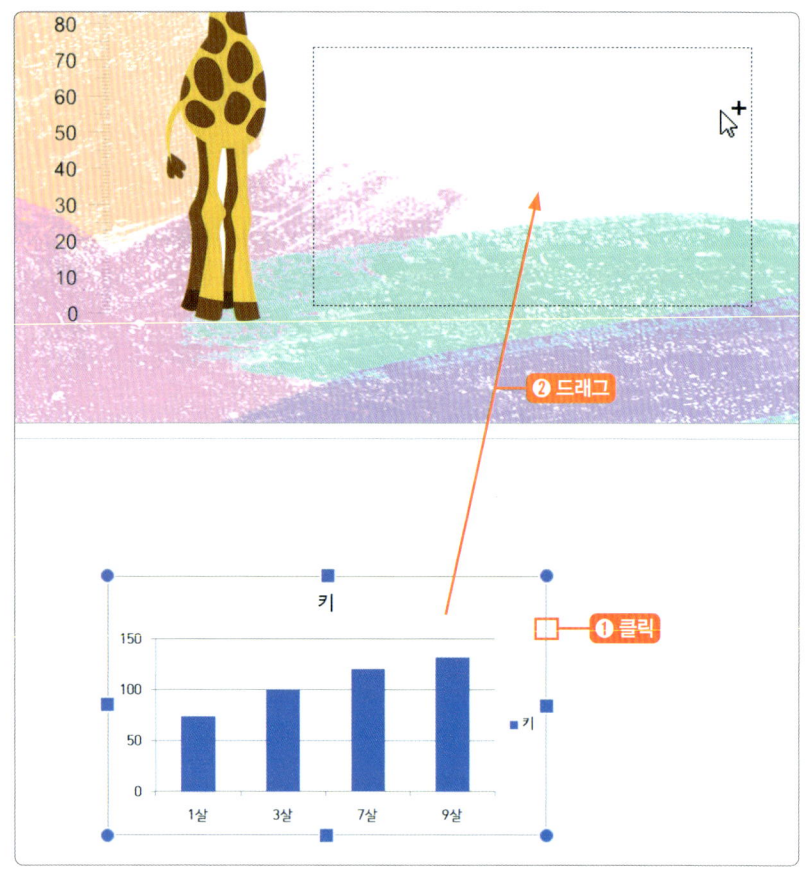

6. 다음과 같이 '1페이지' 차트의 모서리 꼭지점을 드래그하여 크기와 위치를 변경하여 배치합니다.

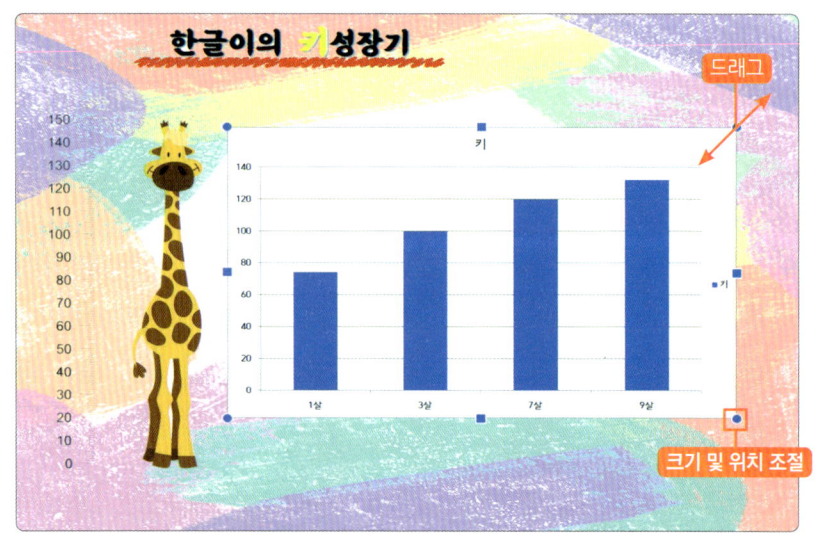

02 셀 그림 채우기

1. 차트를 선택한 후 [차트디자인( )] 탭-[차트 스타일]-'스타일5'를 클릭합니다.

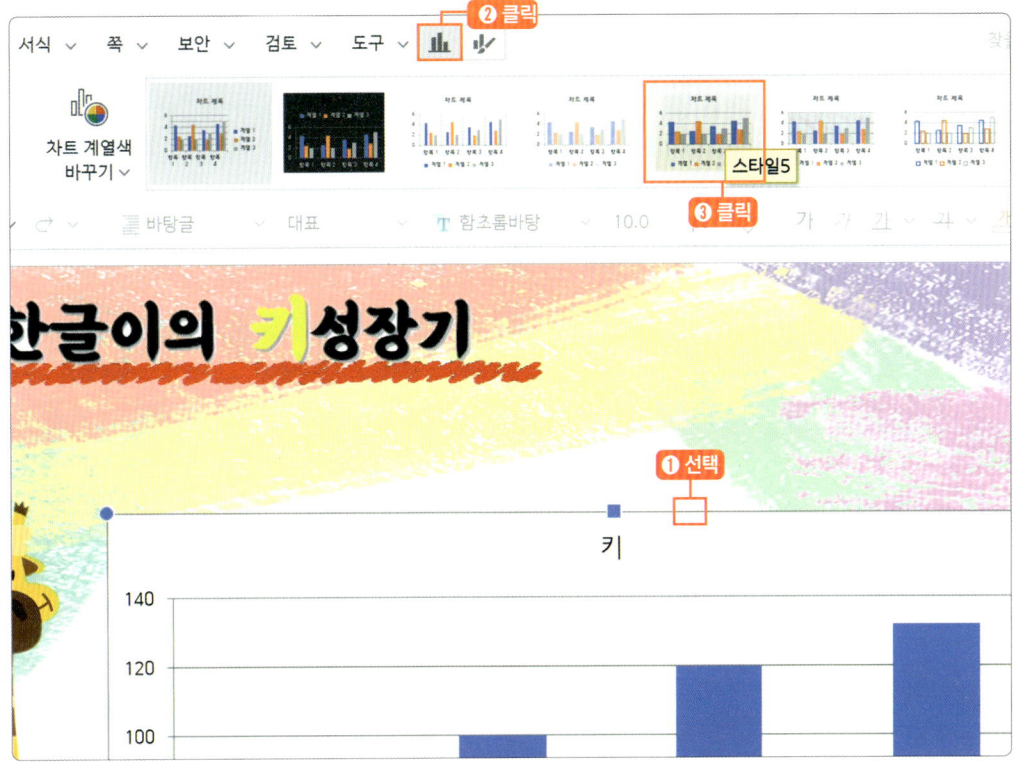

2. [차트디자인( )] 탭-[차트 계열색 바꾸기( )]에서 원하는 색상 조합을 선택합니다.

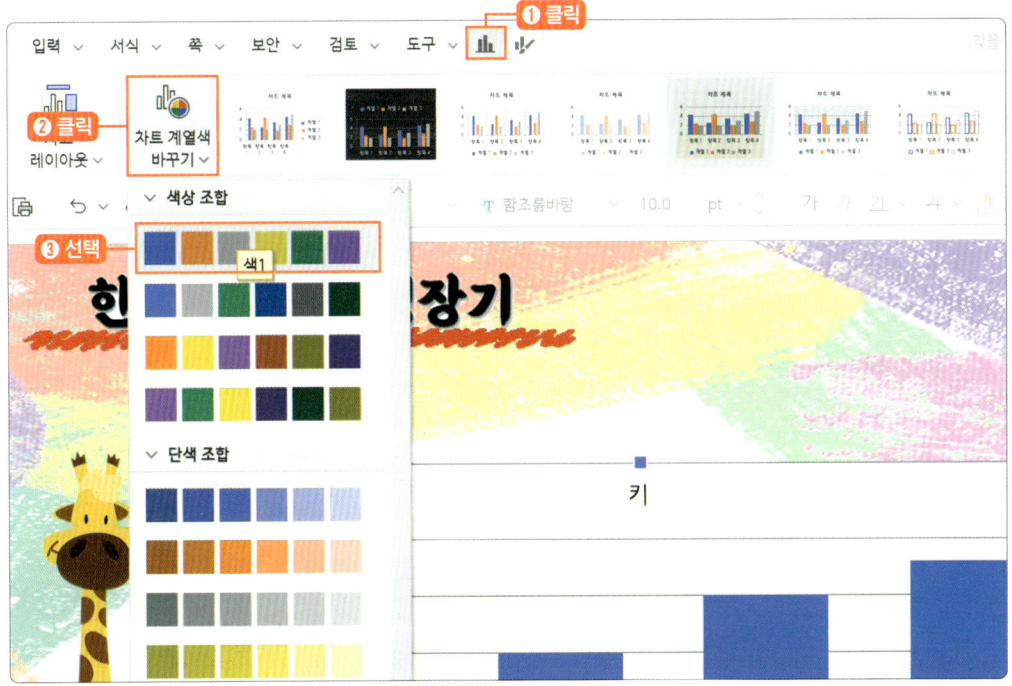

TIP

색상 조합

왼쪽의 색상부터 각 막대(계열)의 색상이 적용됩니다. 계열이 추가되면 다음 색상이 적용됩니다.

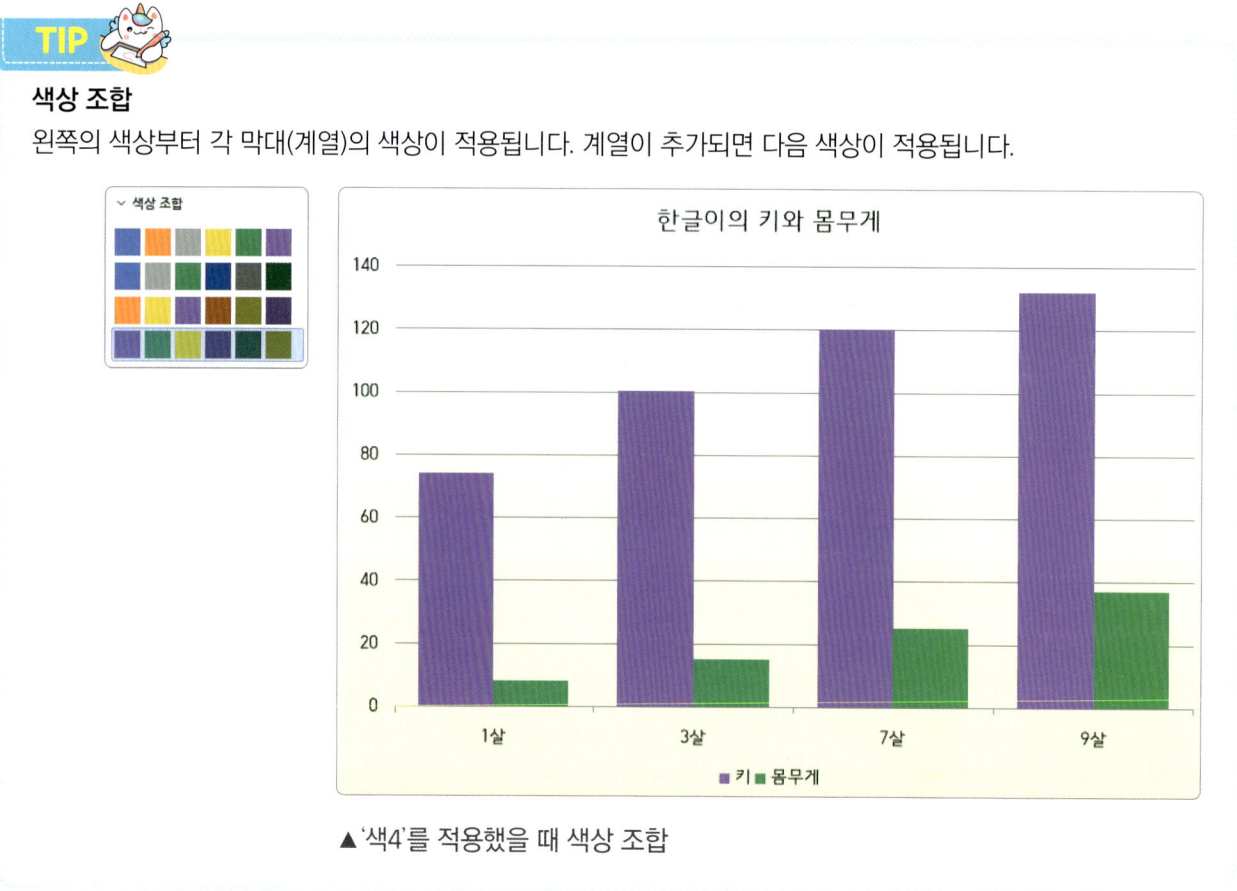

▲ '색4'를 적용했을 때 색상 조합

3. [서식 도구상자]-[저장하기(💾)]의 [자세히(⌄)]를 클릭한 후 [다른 이름으로 저장하기]를 클릭합니다. 이어서, 본인의 폴더를 선택한 후 이름을 '키 성장(완성)'을 입력합니다. 이어서, <저장> 단추를 클릭합니다.

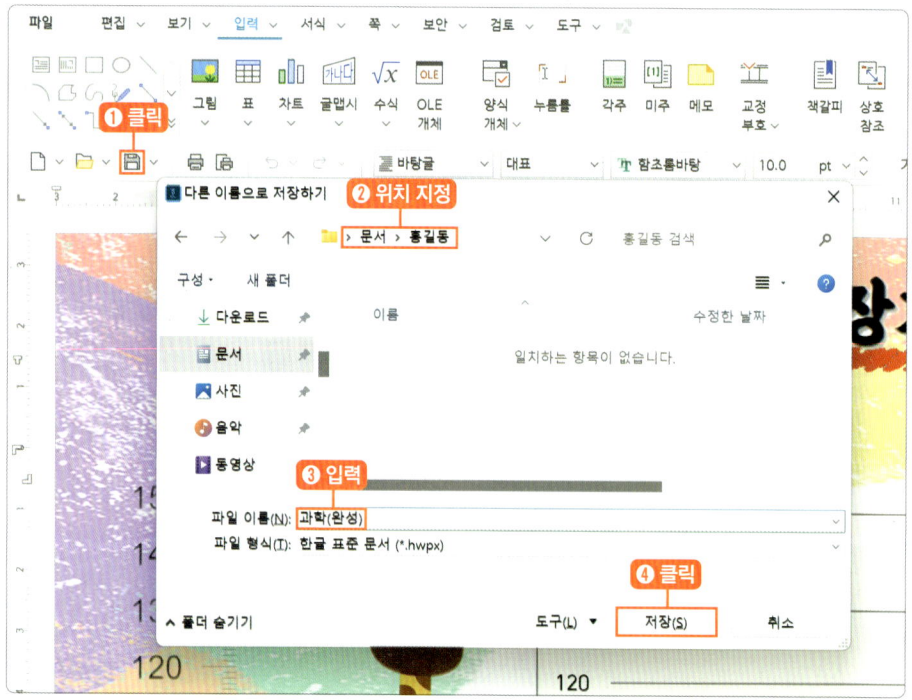

CHAPTER 16 혼자 뚝딱

● 불러올 파일 : 연습하기 01.hwpx   ● 완성된 파일 : 연습하기 01(완성).hwpx

문제 01 다음 데이터를 입력하여 차트를 완성해 봅니다.
- 묶은 가로 막대형 / 스타일 2

	A	B	C
1		남자	여자
2	A	4	4
3	B	2	3
4	O	5	3
5	AB	2	3

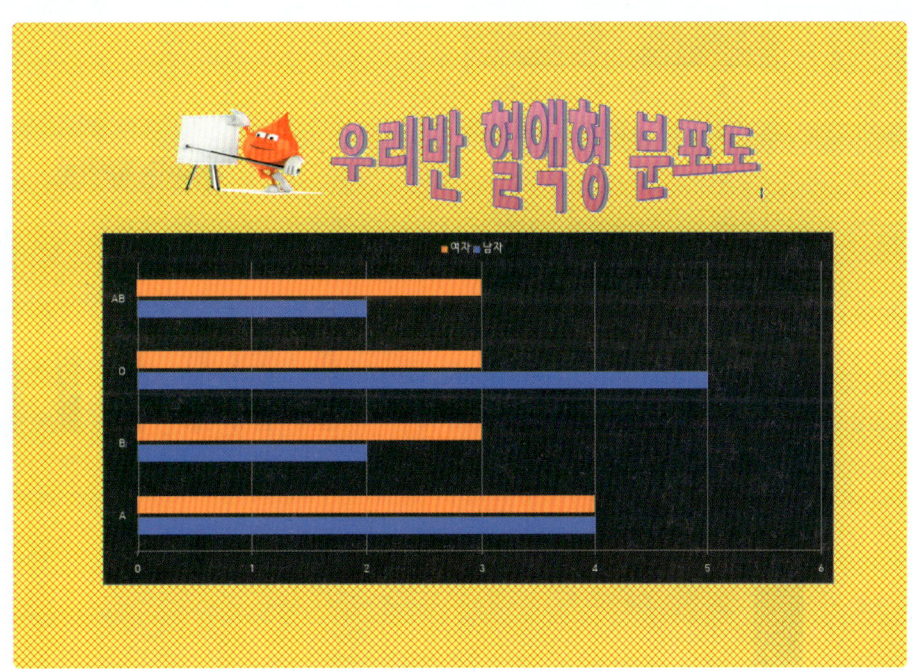

CHAPTER 17 내 용돈은 소중해

● 불러올 파일 : 용돈 차트.hwpx   ● 완성된 파일 : 용돈 차트(완성).hwpx

학습목표

- 표를 삽입하여 블록 계산식을 사용할 수 있습니다.
- 차트를 삽입할 수 있습니다.
- 차트 속성을 변경하여 차트를 꾸밀 수 있습니다.

오늘 배울 기능 : 표, 블록 계산식, 천 단위 구분 쉼표, 차트

완성작품 미리보기

스토리 용돈으로 무엇을 할 수 있을까요? 원하는 학용품을 살 수도 있고, 친구들과 맛있는 떡볶이를 사서 먹을 수도 있고, 저축해서 저축 부자가 될 수도 있습니다. 어떻게 모으고 쓰냐에 따라서 쓰임이 달라지는 용돈! 나는 얼마나 나의 돈을 잘 관리하고 있을까요?

01 표 만들기

1. [한글 2022]를 실행한 후 [서식 도구상자]-[불러오기(📁)]-[불러올 파일]-[CHAPTER 17]-'용돈 차트.hwpx'를 선택한 후 <열기> 단추를 클릭합니다.

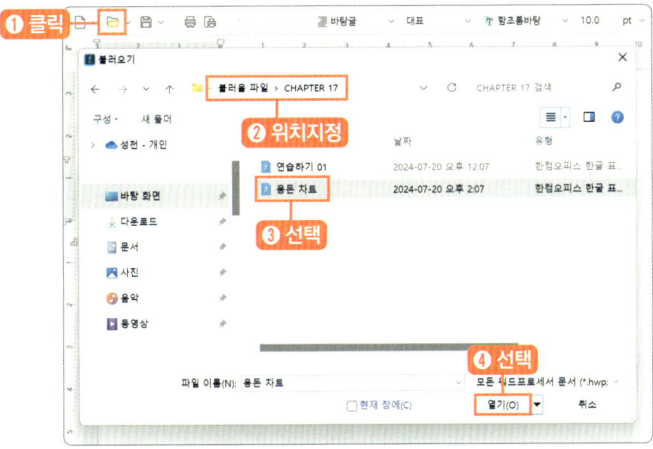
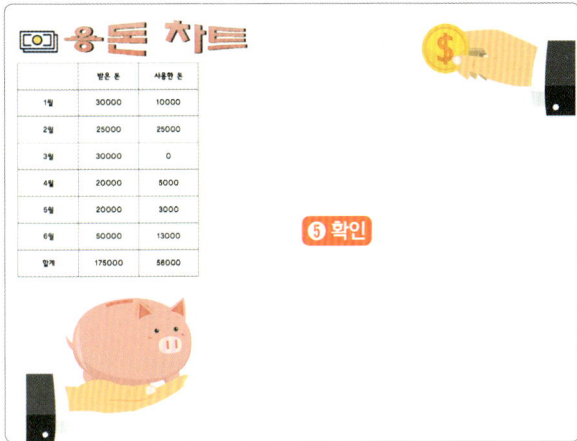

02 천 단위 구분 쉼표와 블록 계산식

1. 표 안의 2줄 2칸에서 8줄 3칸까지 드래그하여 마우스 오른쪽 단추를 눌러 [1,000단위 구분 쉼표]-'자릿점 넣기'를 선택합니다.

   ※ 자릿점 넣기 : 1000 → 1,000
   ※ 자릿점 빼기 : 1,000 → 1000

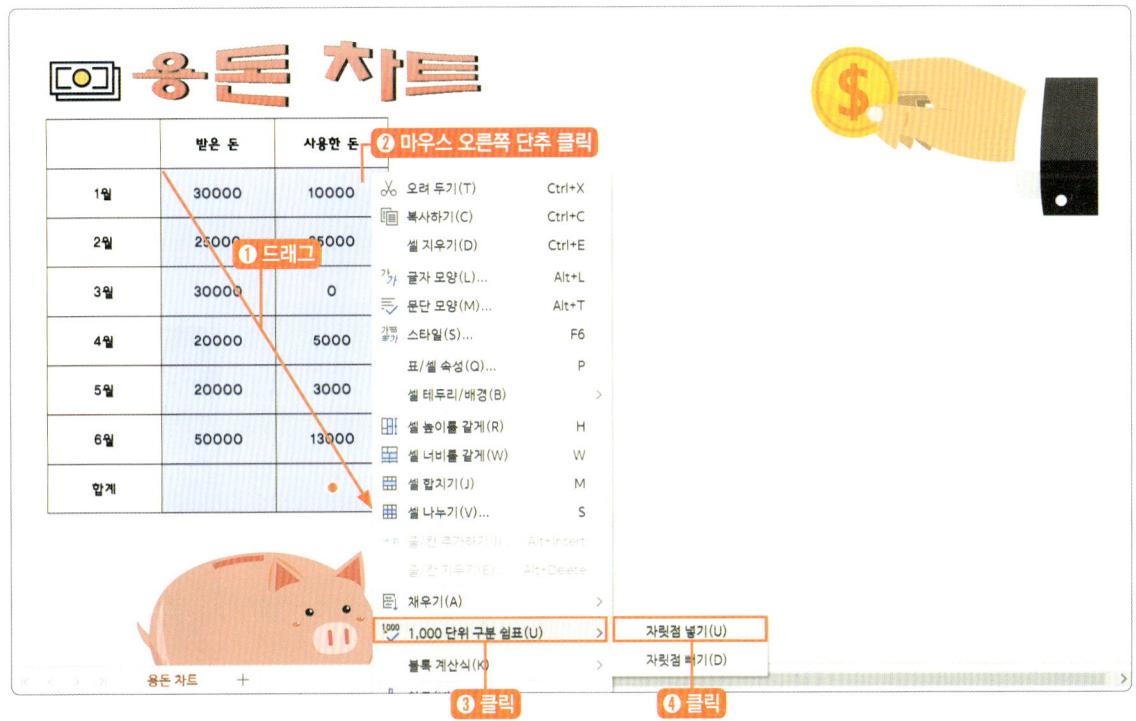

2. 2줄 2칸에서 8줄 3칸까지 드래그하여 마우스 오른쪽 단추를 눌러 [블록 계산식]-'블록 합계'를 선택합니다.

   ※ 블록 합계(S) : 블록들의 합계를 구해줍니다.
   ※ 블록 평균(A) : 블록들의 평균을 구해줍니다.
   ※ 블록 곱(P) : 블록들의 곱을 구해줍니다.

3. 표를 선택한 후 [표 디자인] 탭-[표 마당]-[자세히(⌄)]-[보통]-'보통 스타일3 – 분홍 색조'를 선택합니다.

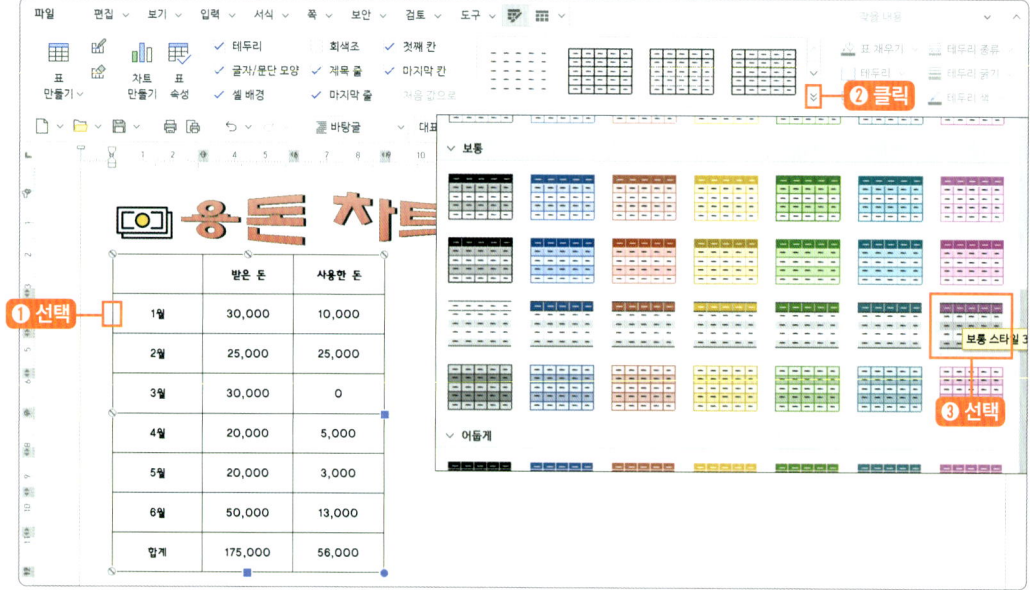

03 차트 만들기

1. 표의 1줄 1칸부터 7줄 3칸까지 블록으로 설정합니다.

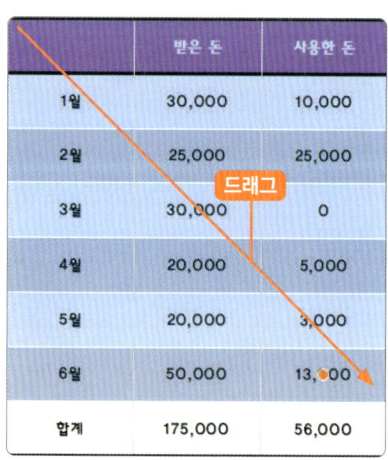

2. 블록 설정한 셀 위에서 마우스 오른쪽 단추를 누른 후 [차트]-[세로 막대형]-'3차원 묶은 세로 막대형'을 선택합니다.

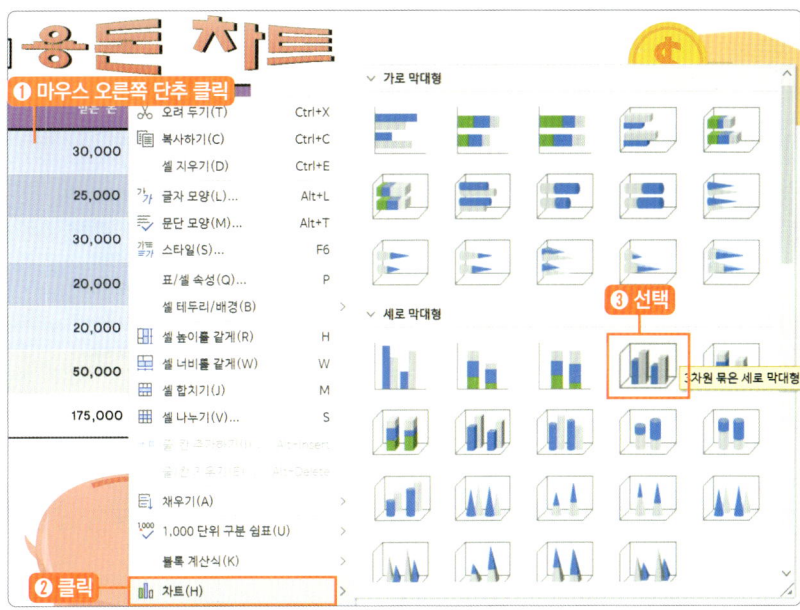

3. [차트 데이터 편집] 대화상자가 나오면 입력된 데이터를 확인한 후 '닫기 ⨯ '를 클릭하여 창을 닫아 줍니다.

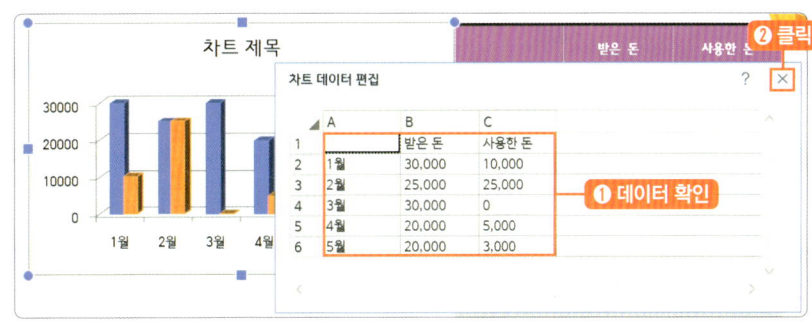

04 차트 꾸미기

1. 차트를 표 오른쪽으로 이동한 후 차트의 파란색 막대 부분인 '받은 돈' 데이터 계열을 선택하고 마우스 오른쪽 단추를 눌러 [데이터계열 속성]을 클릭합니다.

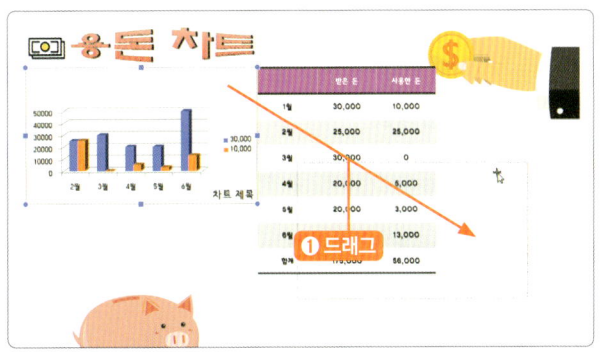
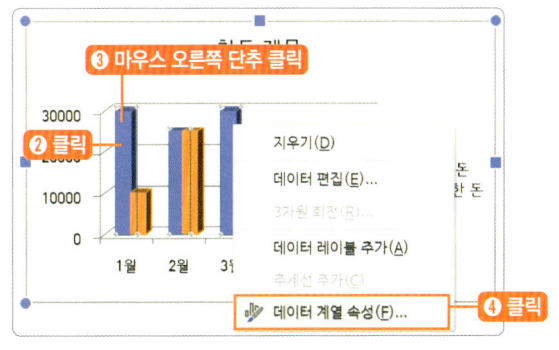

CHAPTER 17 내 용돈은 소중해 • 107

2. [개체 속성]-[채우기]-[질감/그림]에서 그림의 '그림( )' 아이콘을 클릭합니다. 이어서, [불러올 파일]-[CHAPTER 17]-'받은 돈.jpg'를 선택하고 <열기> 단추를 클릭합니다.

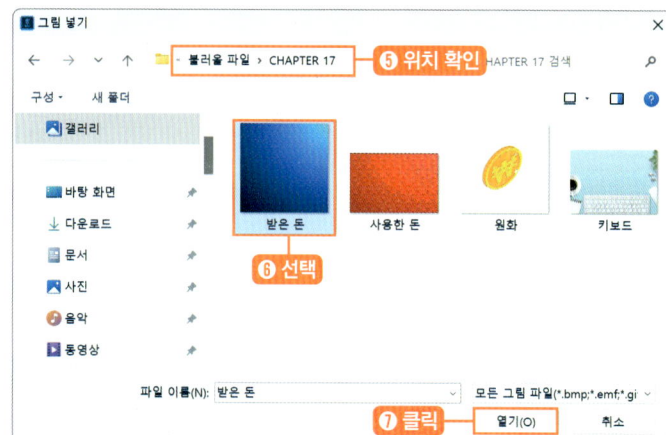

3. 같은 방법으로 '사용한 돈' 데이터 계열에 '사용한 돈.jpg'의 채우기를 변경합니다.

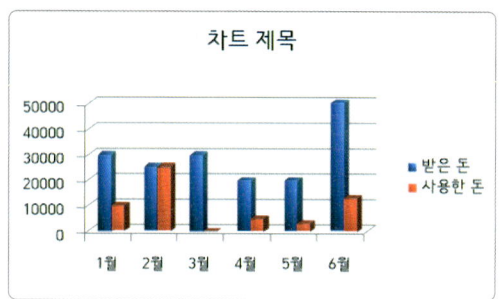

4. 차트를 선택한 후 마우스 오른쪽 단추를 눌러 [개체 영역 속성]을 클릭합니다. 이어서, 아래 그림과 같이 '원화.jpg' 그림을 삽입합니다.
   • 투명도 50% 조정

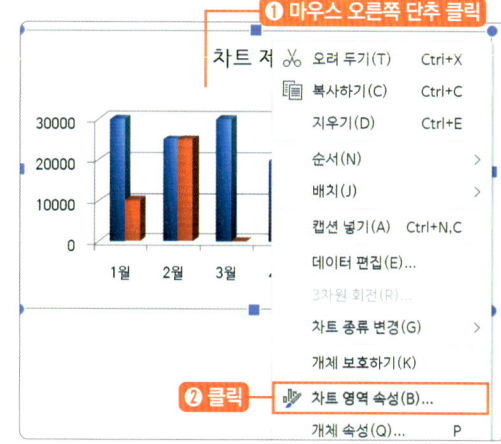

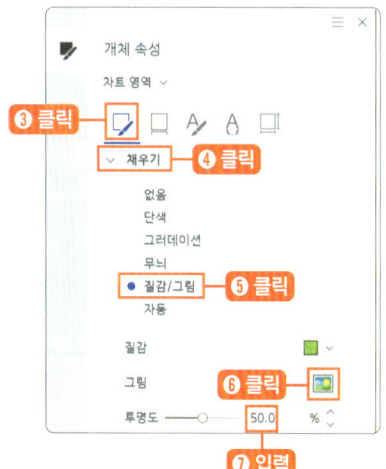
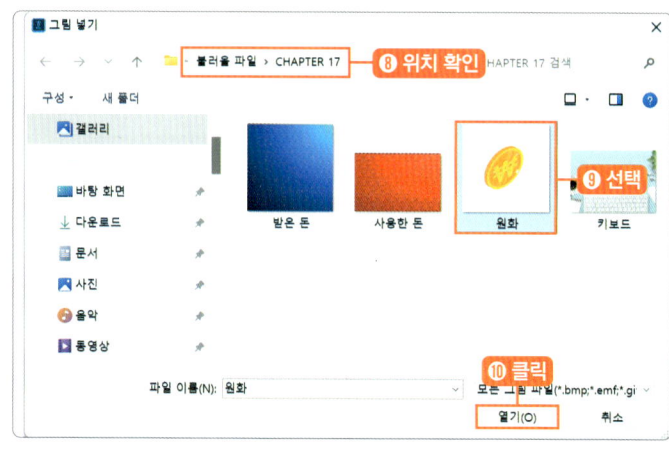

5. 차트에 '차트 제목'을 클릭한 후 마우스 오른쪽 단추를 클릭하여 '제목 편집'을 클릭합니다.

6. [차트 글자 모양] 대화상자에서 [글자 내용]을 '한글이의 용돈차트', 한글 글꼴을 'HY 견고딕'을 선택한 후 <설정> 단추를 클릭합니다.

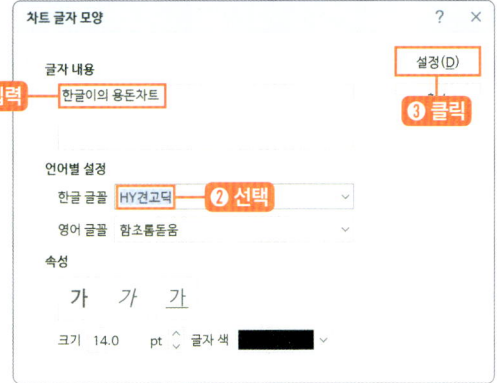

7. 차트 제목을 더블클릭한 후 오른쪽 그림과 같이 설정합니다.
   • **채우기** : 단색(노랑), **선** : 단색(검정)

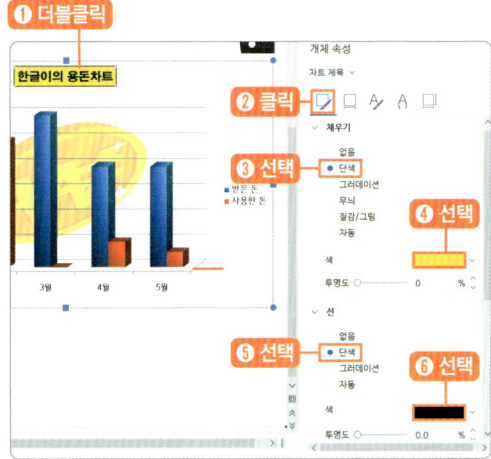

8. 미리보기를 참고하여 차트를 적당한 위치로 이동하고 크기를 조절합니다.

9. [서식 도구상자]-[저장하기(📄)]의 [자세히(⌄)]를 클릭한 후 [다른 이름으로 저장하기]를 클릭합니다. 이어서, 본인의 폴더를 선택한 후 이름을 '용돈 차트(완성)'을 입력합니다. 이어서, <저장> 단추를 클릭합니다.

CHAPTER 17 혼자 뚝딱

● 불러올 파일 : 연습하기 01.hwpx   ● 완성된 파일 : 연습하기 01(완성).hwpx

문제 01 다음 데이터를 입력하여 차트를 완성해 봅니다.

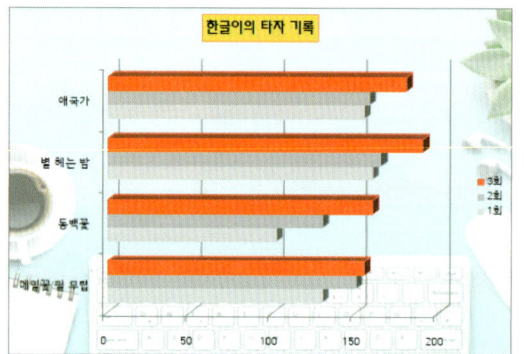

 **작업 순서**

1. '연습하기 01.hwpx' 파일을 불러옵니다.
2. [입력] 탭에 [표] 선택 '줄 수(5), 칸 수(5)'로 설정하여, 내용을 입력한 후 '표 스타일'을 '보통 스타일2-청록 색조'로 변경합니다.
3. 블록 계산식을 활용하여 '블록 평균'을 구해줍니다.
4. 1줄 1칸에서 5줄 4칸까지 블록 지정한 후 위와 같이 차트를 작성해 줍니다.
5. 차트 스타일1 / 차트 계열색 색7 / 차트 제목 : 한글이의 타자기록 입력합니다.
6. '3회'의 데이터 계열은 '빨강'으로 변경하여 줍니다.
7. '차트 영역'의 개체 속성에서 [채우기]-[그림]에서 [불러올 파일]-[CHAPTER 17]-'키보드.jpg'를 불러와 입력합니다. (명도 : 50%)

좋아하는 국경일 & 기념일

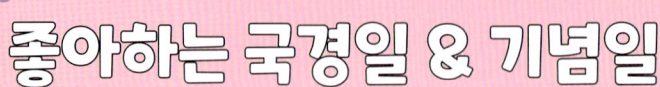

● 불러올 파일 : 기념일.hwpx   ● 완성된 파일 : 기념일(완성).hwpx

● 스타일을 추가 및 적용할 수 있습니다.

오늘 배울 기능 : 스타일

완성작품 미리보기

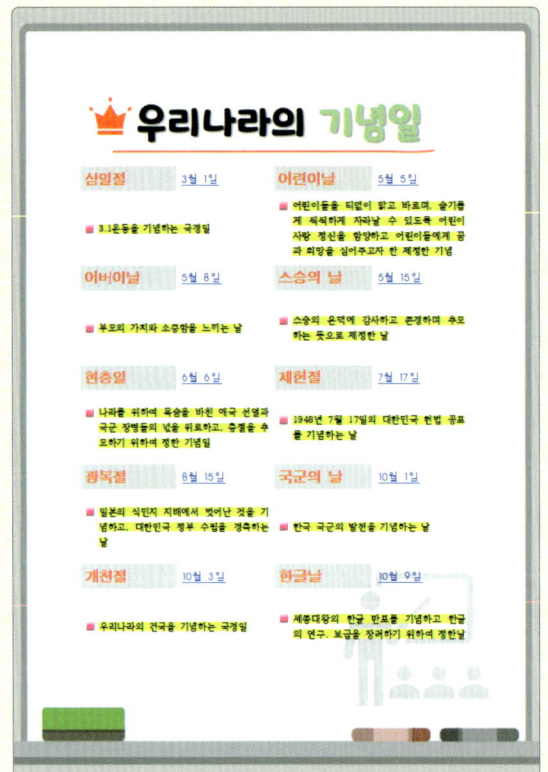

스토리 모두가 좋아하는 달력의 빨간 날! 쉬는 날로만 알고 있는 빨간 날은 국경일과 공휴일, 기념일 등으로 나뉩니다. 국경일은 나라의 경사스러운 일이나 애국정신을 기념하기 위하여 만들어진 날이며, 대한민국의 기념일은 나라에서 주관하는 특정일을 기념하는 날입니다. 내가 관심 있고 좋아하는 국경일과 기념일에 대해 알아봅니다.

01 스타일 추가하기

1. [한글 2022]를 실행한 후 [서식 도구상자]-[불러오기(📁)]-[불러올 파일]-[CHAPTER 18]-'기념일.hwpx'를 선택한 후 <열기> 단추를 클릭합니다.

2. [서식]-[스타일]을 클릭한 후 <추가(➕)> 단추를 클릭합니다.

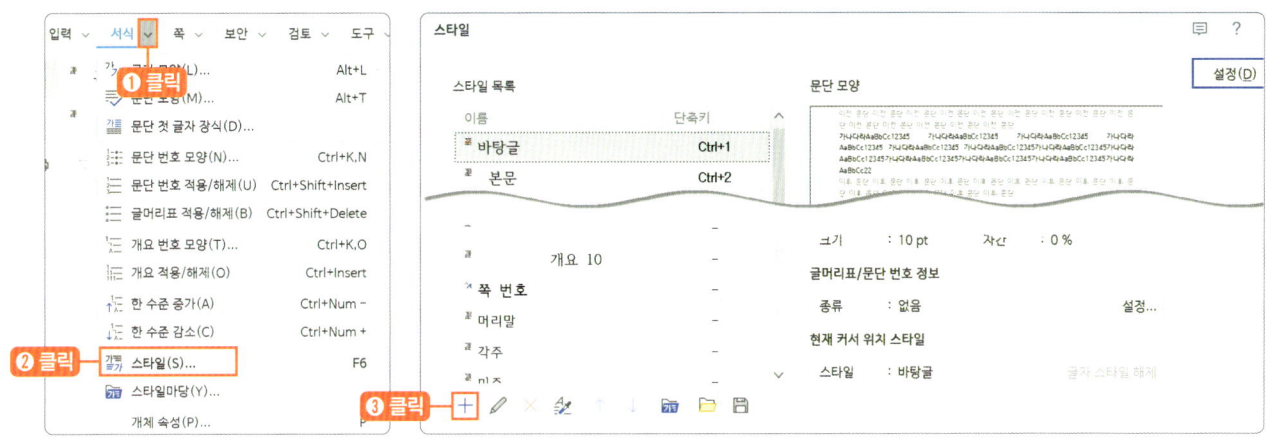

 TIP

[기본 도구상자]에서 쉽게 [스타일 추가] 하기

3. [스타일 추가하기] 대화상자가 나오면 [스타일 이름]에 '명칭'을 입력하고 [스타일 종류]를 '글자'로 선택합니다. 이어서, <글자 모양> 단추를 클릭합니다.

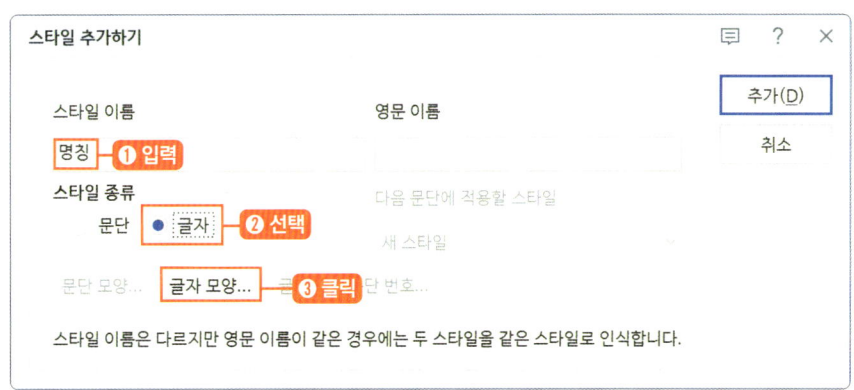

CHAPTER 18 좋아하는 국경일 & 기념일 • 113

4. [글자 모양] 대화상자가 나오면 다음 설정과 같이 변경하고 <설정> 단추를 클릭합니다. 이어서, <추가> 단추를 클릭합니다.

   • **글자 속성** : 글꼴(휴먼고딕), 크기(15pt), 속성(진하게), 글자 색(빨강)

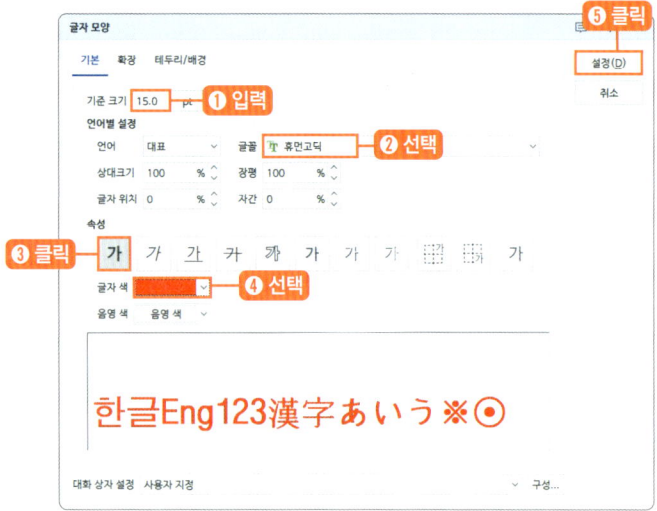
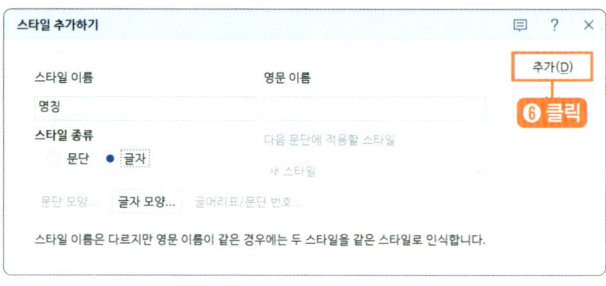

5. 같은 방법으로 새로운 스타일을 추가해 봅니다. [스타일 이름]은 '날짜'를 입력합니다.

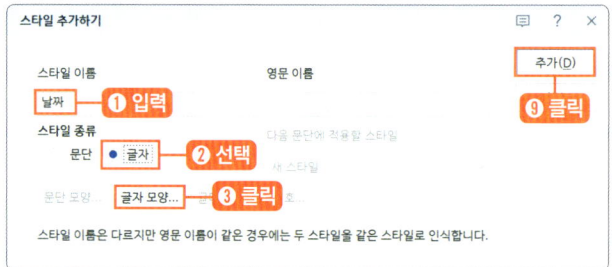

6. [글자 모양] 대화상자가 나오면 아래 설정과 같이 변경하고 스타일을 추개해 봅니다.

   • **글자 속성** : 글꼴(HY나무M), 크기(12pt), 속성(밑줄), 글자 색(파랑)

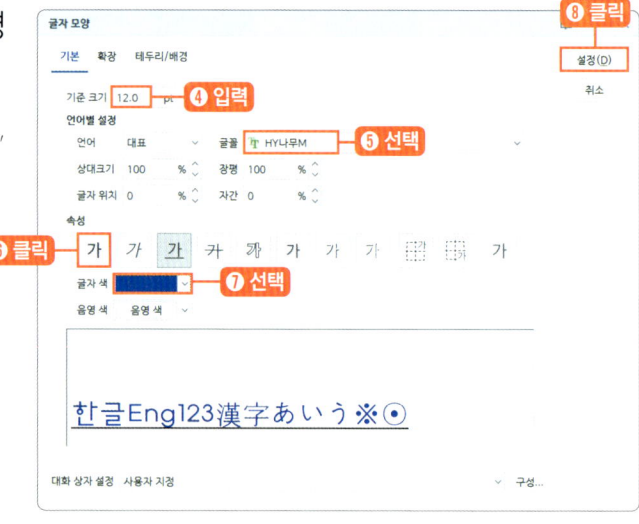

TIP

스타일을 추가하면 스타일 [서식] 탭에 오른쪽 그림과 같이 추가한 스타일이 만들어 집니다.

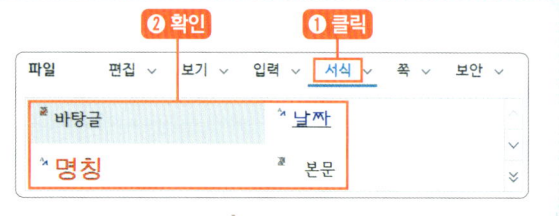

7. 마지막으로 새로운 스타일을 하나 더 추가해 봅니다. [스타일 이름]에 '내용'을 입력하고 [스타일 종류]를 '문단'으로 선택 후 아래와 같이 <글자 모양>, <글머리 표/문단 번호….>를 설정합니다.

- **글자 속성** : 글꼴(함초롬바탕), 크기(10pt), 속성(진하게), 글자 색(검정), 음영 색(노랑)
- **글머리 표 및 문단 번호** : ( )

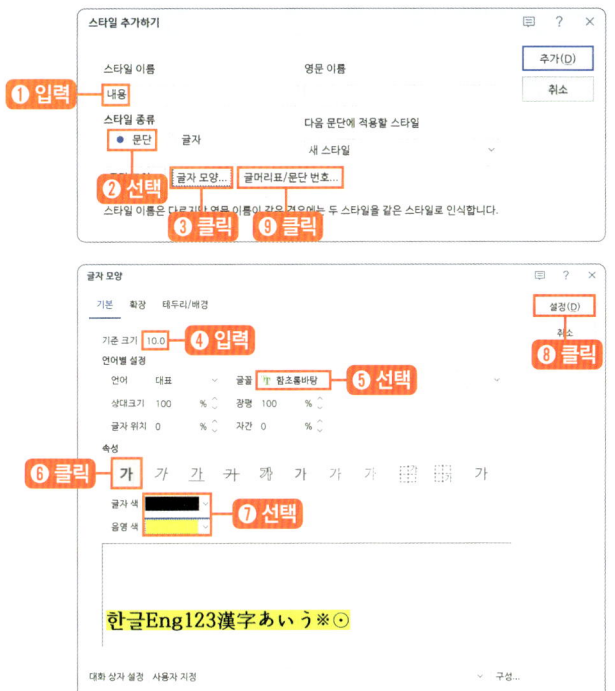
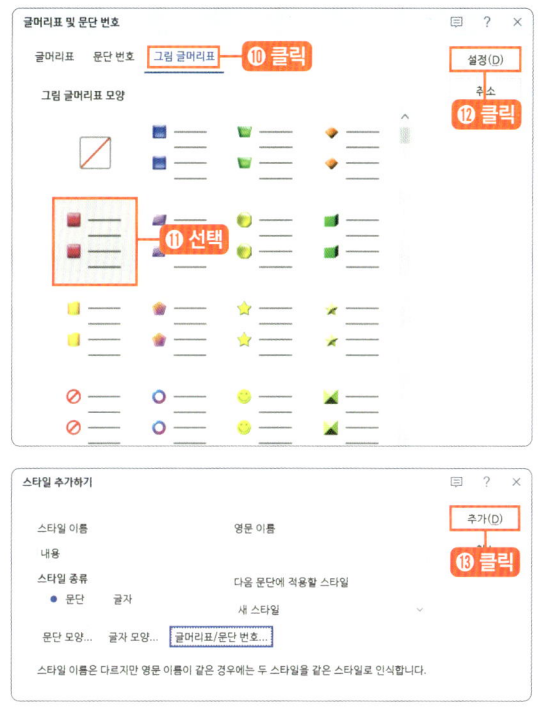

02 스타일 적용하기

1. 첫 번째 줄 첫 번째 칸에 커서를 위치한 후 F5 키를 누릅니다. 이어서, Ctrl 키를 누른 채 오른쪽과 같이 명칭 칸을 클릭합니다.

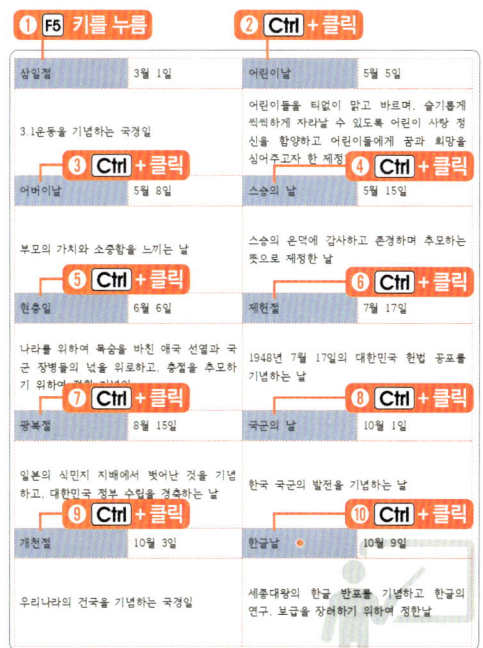

2. [서식] 탭-[스타일]에서 자세히(∨)를 클릭하고 스타일에 '명칭' 스타일을 선택합니다. 다음과 같이 한 번에 서식이 바뀌는 것을 확인할 수 있습니다.

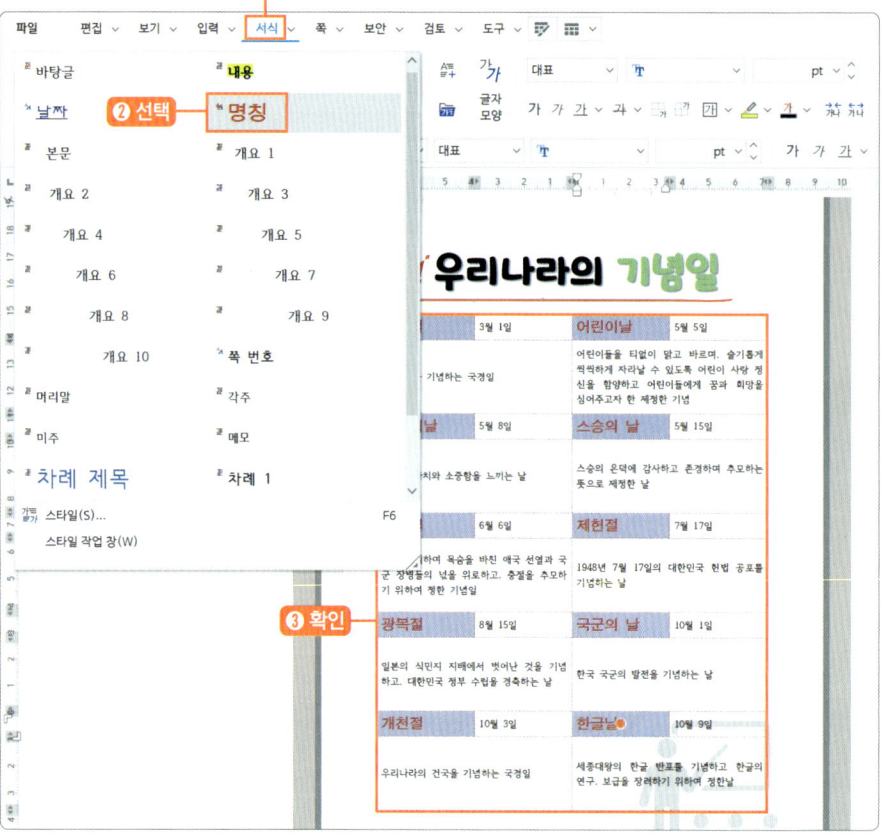

3. 위와 같이 글자 모양을 스타일로 지정해 놓으면 필요한 글자의 모양을 쉽게 바꿀 수 있습니다. 같은 방법으로 '날짜'와 '내용' 스타일을 설정합니다.

4. [서식 도구상자]-[저장하기(💾)]의 [자세히(∨)]를 클릭한 후 [다른 이름으로 저장하기]를 클릭합니다. 이어서, 본인의 폴더를 선택한 후 이름을 '기념일(완성)'을 입력합니다. 이어서, <저장> 단추를 클릭합니다.

CHAPTER 18 혼자 뚝딱

● 불러올 파일 : 연습하기 01.hwpx ● 완성된 파일 : 연습하기 01(완성).hwpx

문제 01 다음과 같이 스타일을 자유롭게 만들어 적용하여 문서를 완성해 봅니다.
- 스타일 이름의 예 : 종목, 설명

스키	요트
★ 스키는 속도와 기술이 필요해. ★ 스키를 타고 산비탈을 빠르게 내려오려면 대담함과 용기도 있어야겠지?	★ 혼자 요트를 타고 자유롭게 즐길 수도 있고, 경주를 하기도 해. 바람의 힘을 이용해서 요트를 나아가게 하는 거야.
테니스	축구
★ 테니스 선수는 공을 쳐서 그물 위로 넘겨야해. 쉬울거 같다고? 상대선수가 친 공이 아주 빠른 속도로 너에게 온다고 상상해 봐!	★ 축구는 발로 공을 발로 차서 상대의 골문에 공을 넣는 경기야. 세계적으로 가장 인기있는 스포츠지
자전거	체조
★ 거친 산길을 거침없이 내려오는 산악자전거. '뚜르 드 프랑스'와 같은 길고 힘든 자전거 경주까지! 세상에는 다양한 자전거 스포츠사사 있어.	★ 체조 선수는 우리 눈에 불가능해 보이는 방식으로 자신의 몸을 움직여. 평균대, 링, 안마등은 모두 체조의 종목이야
양궁	골프
★ 명중! 양궁을 잘하려면 목표물을 정확히 보고 흔들림 없이 활을 쏠 수 있어야 해.	★ 골프를 흔히 '자신과의 싸움'이라고 말해. 골프채로 공을 쳐서 홀에 넣는 스포츠야.

각양각색 SPORT

알고 싶은 문화재 투어

CHAPTER 19

● 불러올 파일 : 문화재.hwpx   ● 완성된 파일 : 문화재(완성).hwpx

학습목표

- 문서에 쪽 번호를 매길 수 있습니다.
- 책갈피를 지정해 위치를 지정할 수 있습니다.
- 하이퍼링크로 책갈피 위치로 이동할 수 있습니다.

오늘 배울 기능 : 쪽 번호 매기기, 책갈피, 하이퍼링크

완성작품 미리보기

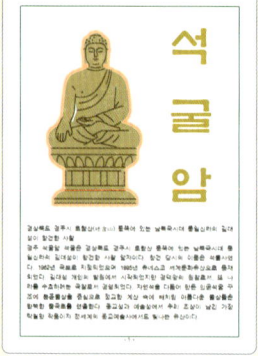

스토리

역사는 사람들이 지금까지 살아온 발자취이며, 과거에 일어난 일들입니다. 역사를 공부함으로써 앞으로 우리가 어떻게 살아야 하는지 배우게 됩니다. 역사를 알아야 미래도 준비할 수 있습니다. 우리나라의 역사 발자취를 문화재를 통해 배워가며 역사 속에서 나를 배워봅니다.

01 쪽 번호 매기기

1. [한글 2022]를 실행한 후 [서식 도구상자]-[불러오기(📁)]-[불러올 파일]-[CHAPTER 19]-'문화재.hwpx'를 선택한 후 <열기> 단추를 클릭합니다.

2. [쪽] 탭-[쪽 번호 매기기]를 클릭합니다.

3. [쪽 번호 매기기] 대화상자가 나오면 다음과 같이 설정하고 <넣기> 단추를 클릭합니다.

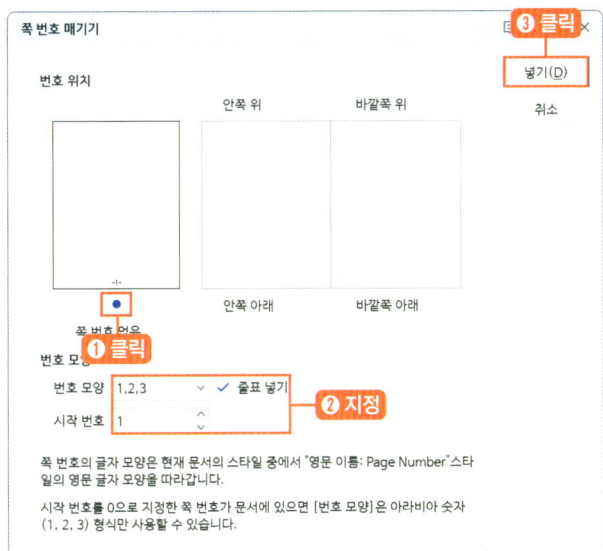

02 책갈피 설정하기

1. '2페이지'의 본문 내용 첫 문장 맨 앞을 클릭합니다.

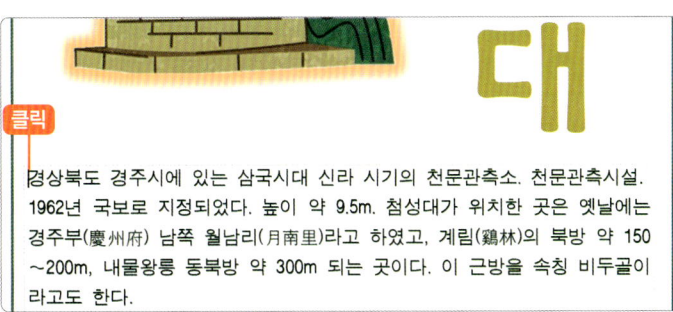

2. [입력] 탭-[책갈피(📑)]를 클릭하고 [책갈피 이름]에 '첨성대'를 입력한 후 <넣기> 단추를 클릭합니다.

3. 같은 방법으로 '3페이지~7페이지'의 본문 문장 앞에 커서를 넣고, 책갈피를 삽입해 줍니다. 책갈피 이름은 각각 '동궁과 월지', '천마총', '석가탑', '불국사', '석굴암' 이름으로 지정해 줍니다.

03 하이퍼링크 지정하기

1. '1페이지'로 이동하여 '첨성대' 글상자의 외곽선을 클릭하여 선택한 후 마우스 오른쪽 단추를 눌러 [하이퍼링크]를 클릭합니다. 이어서, [하이퍼링크] 대화상자가 나오면 [연결 대상]의 [한글 문서] 탭에서 책갈피 목록 중에 '첨성대'를 선택하고 <넣기> 단추를 클릭합니다.

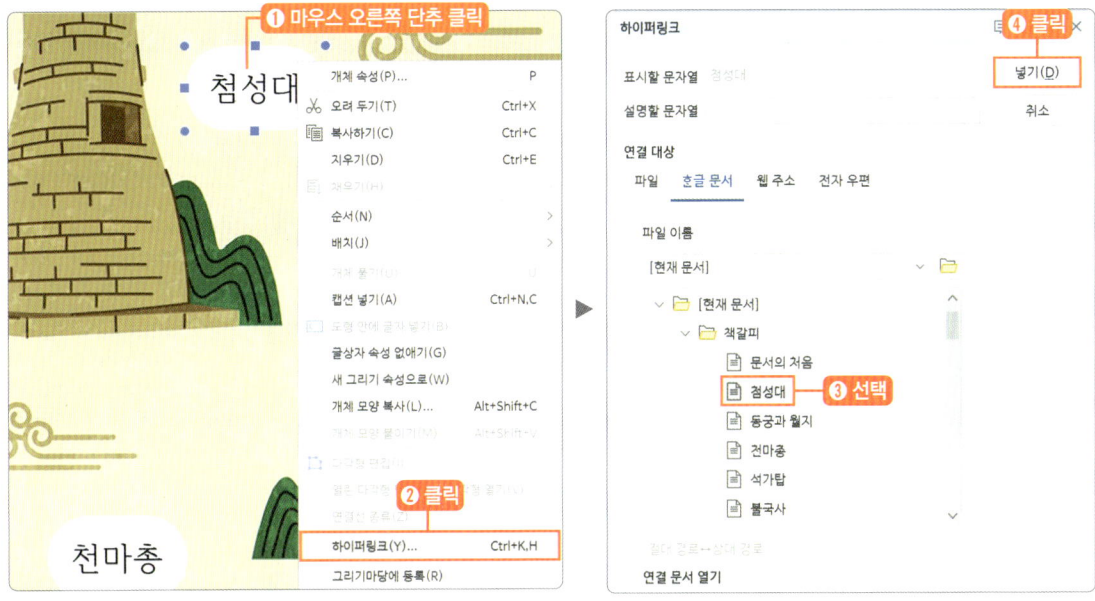

2. 하이퍼링크가 지정된 글상자에 Ctrl 키를 누른 채 마우스를 가지고 가면 손가락 모양으로 변경됩니다. 이때, 클릭하면 연결된 책갈피 위치로 이동합니다.

3. 같은 방법으로 '동궁과 월지', '천마총', '석가탑', '불국사', '석굴암' 글상자에 책갈피를 연결합니다.

4. [서식 도구상자]-[저장하기(💾)]의 [자세히(∨)]를 클릭한 후 [다른 이름으로 저장하기]를 클릭합니다. 이어서, 본인의 폴더를 선택한 후 이름을 '문화재(완성)'을 입력합니다. 이어서, <저장> 단추를 클릭합니다.

CHAPTER 19 혼자 뚝딱

● 불러올 파일 : 연습하기 01.hwpx   ● 완성된 파일 : 연습하기 01(완성).hwpx

문제 01 ▶ 아래 문서를 활용하여 책갈피와 하이퍼링크를 설정해 봅니다.

CHAPTER 20 나의 존경하는 인물

● 불러올 파일 : 존경하는 인물.hwpx   ● 완성된 파일 : 존경하는 인물(완성).hwpx

학습목표

- 다단을 나눌 수 있습니다.
- 문단 첫 글자 장식 기능을 이용하여 설정할 수 있습니다.
- 모양 복사를 할 수 있습니다.

오늘 배울 기능 : 다단, 모양 복사, 문단 첫 글자장식, 그림 삽입

완성작품 미리보기

스토리 혹시 존경하는 인물이나 관심 있는 롤 모델이 있나요? 누군가를 존경할 줄 안다는 것은 누군가의 장점을 보고 배우려는 마음이 있다는 것입니다. 배우고 싶은 점이 있는 존경하는 인물에 대해 알아보고 소개해 봅니다.

01 다단 설정하기

1. [한글 2022]를 실행한 후 [서식 도구상자]-[불러오기(📂)]-[불러올 파일]-[CHAPTER 20]-'존경하는 인물.hwpx'를 선택한 후 <열기> 단추를 클릭합니다.

2. 본문 편집 창에서 제목을 제외한 본문 전체를 블록으로 지정합니다.

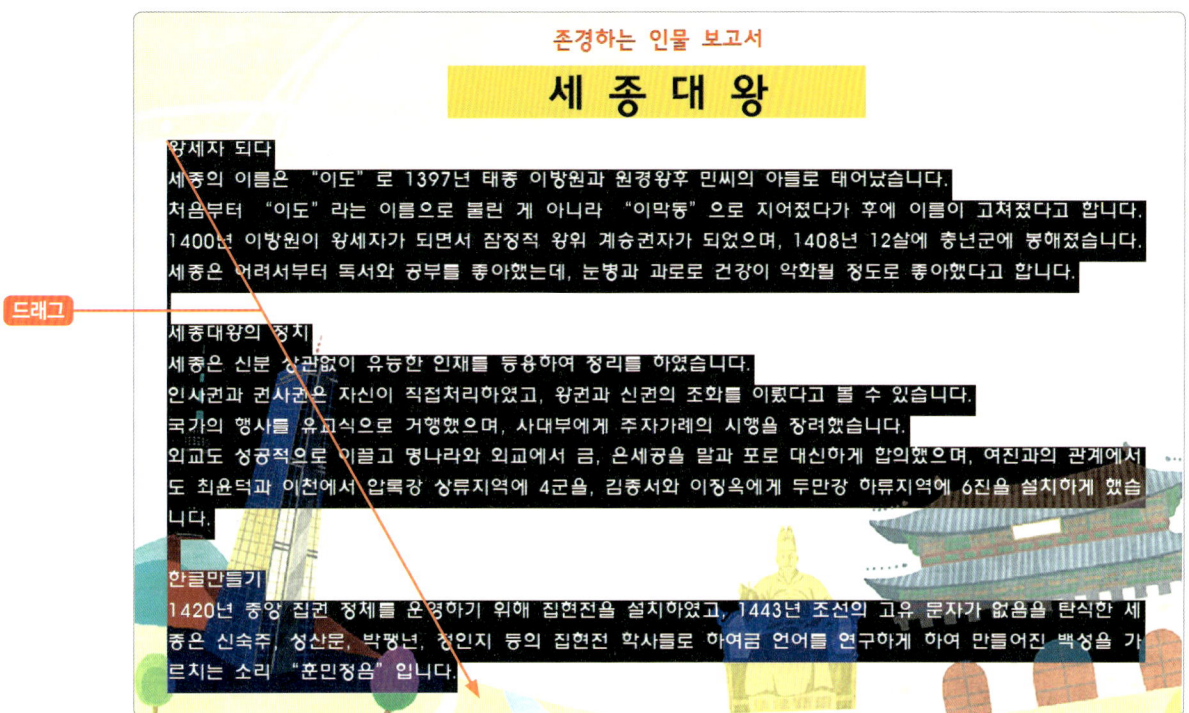

3. [쪽] 탭-[단]-'다단 설정'을 선택합니다. 이어서, [단 설정] 대화상자가 나오면 [자주 쓰이는 모양]을 '둘'로 지정하고 [구분선 넣기]를 선택한 후 <설정> 단추를 클릭합니다.

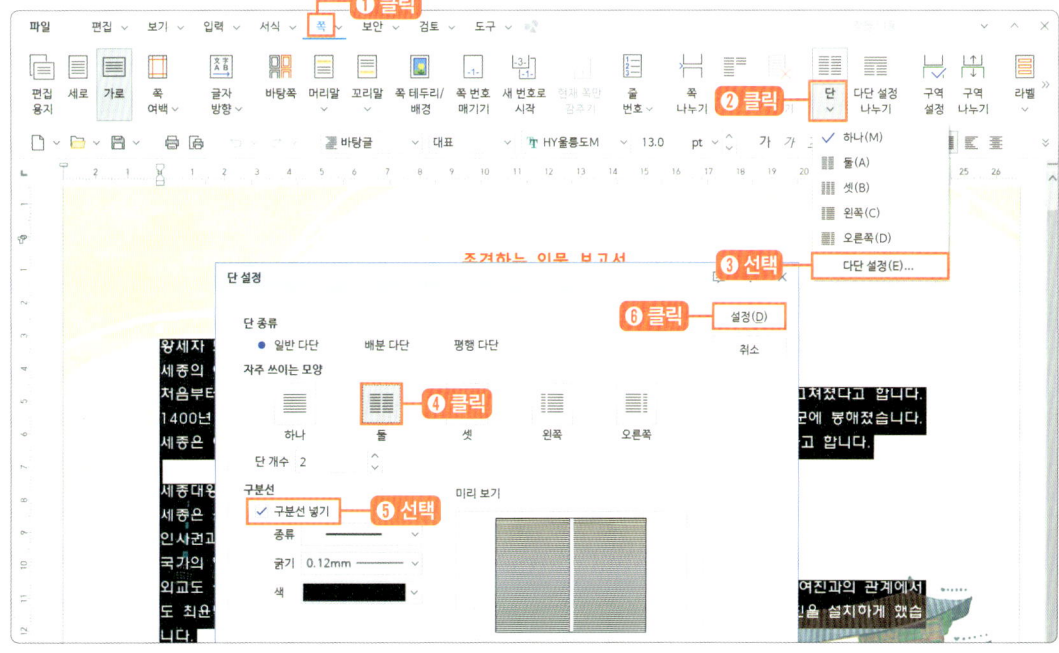

02 모양 복사 및 문단 첫 글자장식

1. 본문의 첫 줄 '왕세자 되다'를 클릭하고 마우스 오른쪽 단추를 누른 후 [글머리표 및 문단 번호]를 선택합니다. 이어서, [글머리표 및 문단 번호] 대화상자가 나오면 [그림 글머리표] 탭에서 원하는 그림 글머리표 모양을 선택한 다음 <설정> 단추를 클릭합니다.

2. 본문의 첫 줄 '왕세자 되다'를 블록으로 지정한 후 아래와 같이 [서식 도구상자]에서 글자 모양을 변경합니다.
   - **글자 모양** : 글꼴(HY울릉도M), 크기(18pt), 글자 색(빨강)

3. 다른 글자에도 같은 글자 모양을 지정하기 위해 '왕세자 되다' 글자의 사이에 커서를 두고 [편집] 탭-[모양 복사]를 클릭합니다.

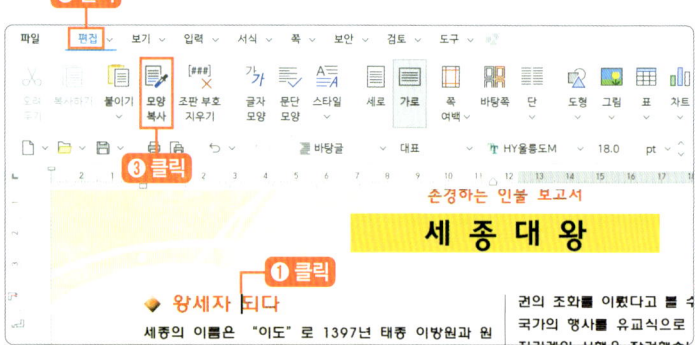

4. [모양 복사] 대화상자가 나오면 [본문 모양 복사]에서 '글자 모양과 문단 모양 둘 다 복사'를 선택하고 <복사> 단추를 클릭합니다.

5. 왼쪽 단, 아래 쪽에 '세종대왕의 정치'를 드래그하여 선택한 후 [편집] 탭-[모양 복사]를 클릭하여 모양 복사를 합니다.

   • '한글 만들기' 글자도 모양 복사를 합니다.

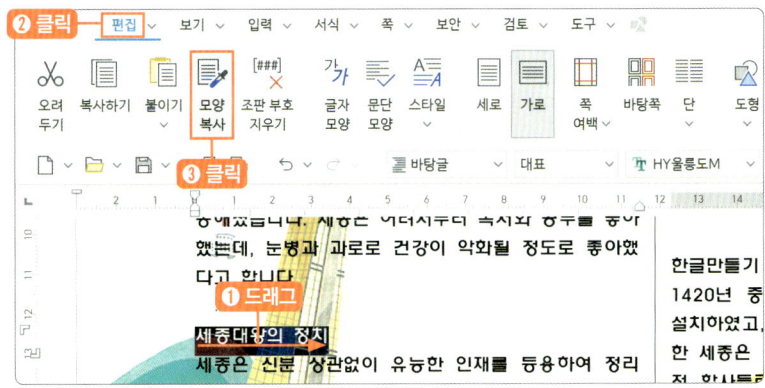

6. 본문의 첫 줄 맨 앞에 커서를 놓고 [서식]-[문단 첫 글자 장식]을 클릭합니다.

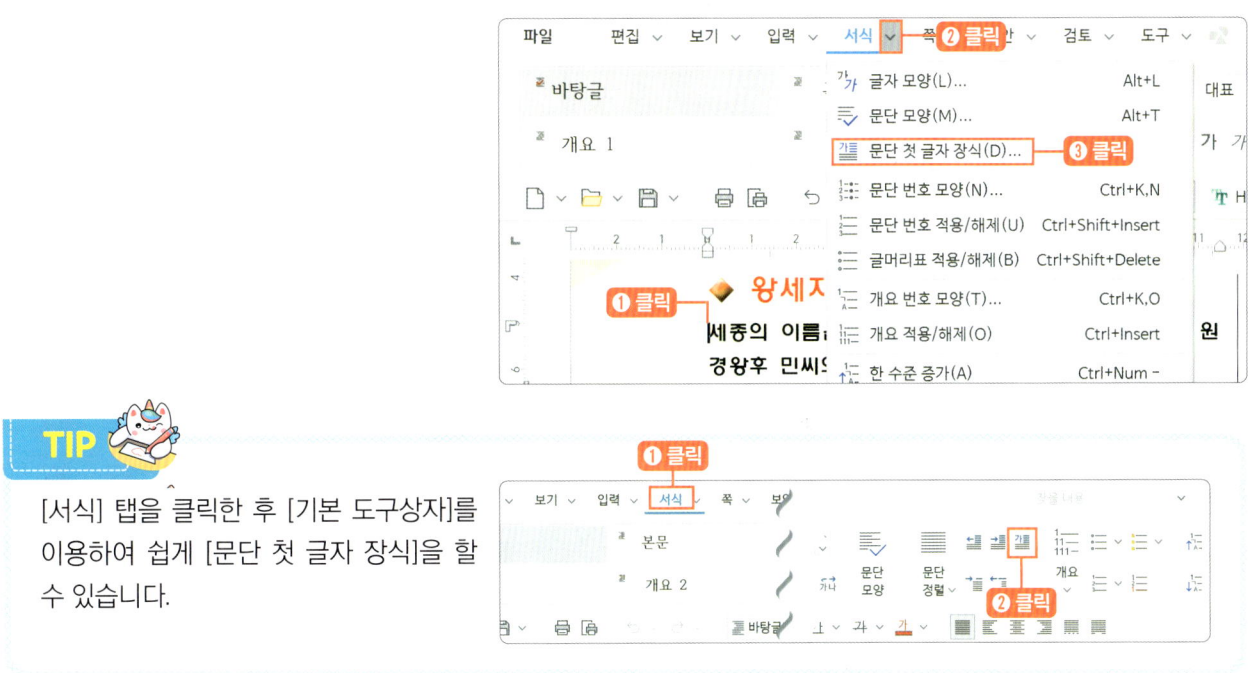

TIP [서식] 탭을 클릭한 후 [기본 도구상자]를 이용하여 쉽게 [문단 첫 글자 장식]을 할 수 있습니다.

7. [문단 첫 글자장식] 대화상자가 나오면 [모양(2줄)]로 클릭하고 [글꼴/테두리]-[면 색]-'노랑'으로 선택한 후 <설정> 단추를 클릭합니다.

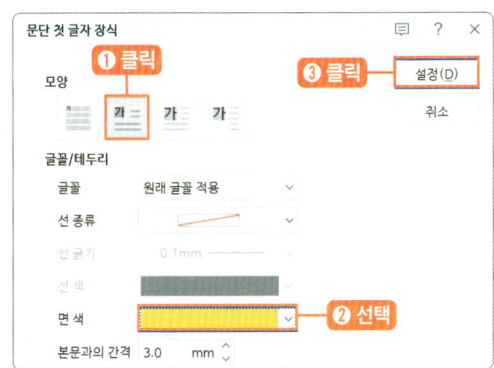

03 그림 삽입 설정

1. [입력]-[그림]-'그림'을 선택합니다. 이어서, [불러올 파일]-[CHAPTER 20]-'세종대왕.jpg'를 선택하고 <열기> 단추를 클릭합니다.
   - '글자처럼 취급'을 해제한 후 '마우스로 크기 지정'을 체크

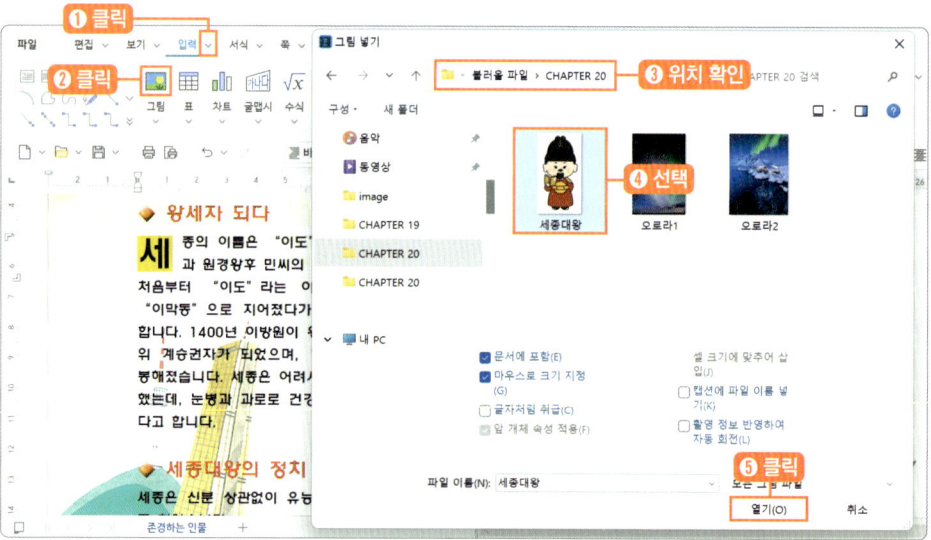

2. '세종대왕' 이미지를 다음과 같이 마우스로 드래그하여 배치합니다.
   - **개체 속성** : 본문과의 배치(어울림)

3. [서식 도구상자]-[저장하기(📁)]의 [자세히(⌄)]를 클릭한 후 [다른 이름으로 저장하기]를 클릭합니다. 이어서, 본인의 폴더를 선택한 후 이름을 '존경하는 인물(완성)'을 입력합니다. 이어서, <저장> 단추를 클릭합니다.

CHAPTER 20 혼자 뚝딱

● 불러올 파일 : 연습하기 01.hwpx   ● 완성된 파일 : 연습하기 01(완성).hwpx

문제 01 ▶ 아래와 같이 문서를 만들어 봅니다.

 작업 순서

1. '연습하기 01.hwpx' 파일을 불러옵니다.
2. 본문 전체를 블록으로 지정한 후 [쪽] 탭-[단]-[다단 설정]에서 [단]을 '둘'로 지정합니다.
3. [서식] 탭-[문단 첫 글자 장식]을 이용해 '지구', '오로라', '환상적인' 글자를 꾸며 줍니다.
4. [입력] 탭-[그림]-'그림'을 클릭하여 [불러올 파일]-[CHAPTER 20] 폴더에서 '오로라1' '오로라2' 그림을 적당한 위치에 삽입해 줍니다.

CHAPTER 20 나의 존경하는 인물 ● 129

우리 동네 소개

● 불러올 파일 : 도시 소개.hwpx   ● 완성된 파일 : 도시 소개(완성).hwpx

- 인터넷으로 정보검색을 하여, 문서에 넣을 수 있습니다.
- 선택한 낱말과 문장을 번역할 수 있습니다.
- 덧말을 입력할 수 있습니다.

오늘 배울 기능 : 정보검색, 번역, 덧말

스토리   우리는 모두 태어난 시간과 장소가 다릅니다. 내가 태어난 곳을 고향이라고 합니다.
각자 자신이 태어난 곳을 잘 알고 설명할 수 있어야 합니다.
내가 태어난 부산에 대해 한번 알아보러 갈까요?

01 정보검색

1. 정보검색을 하기 위해 인터넷에 접속합니다. 이어서, [네이버]-'네이버 지식백과'로 접속한 후 검색창에 '해운대'를 입력한 다음 [검색(🔍)]단추를 클릭합니다.

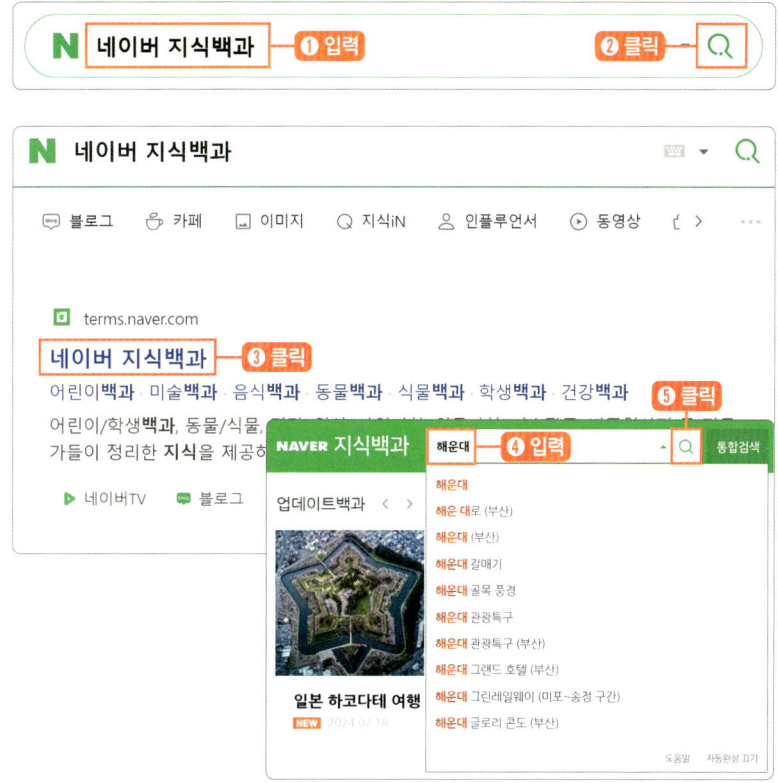

2. 검색 결과 중 한 가지를 선택하여 클릭합니다. 이어서, 본문에 나와 있는 내용을 마우스로 드래그 하여 블록 지정을 하고 마우스 오른쪽 단추를 눌러 [복사]를 클릭합니다.

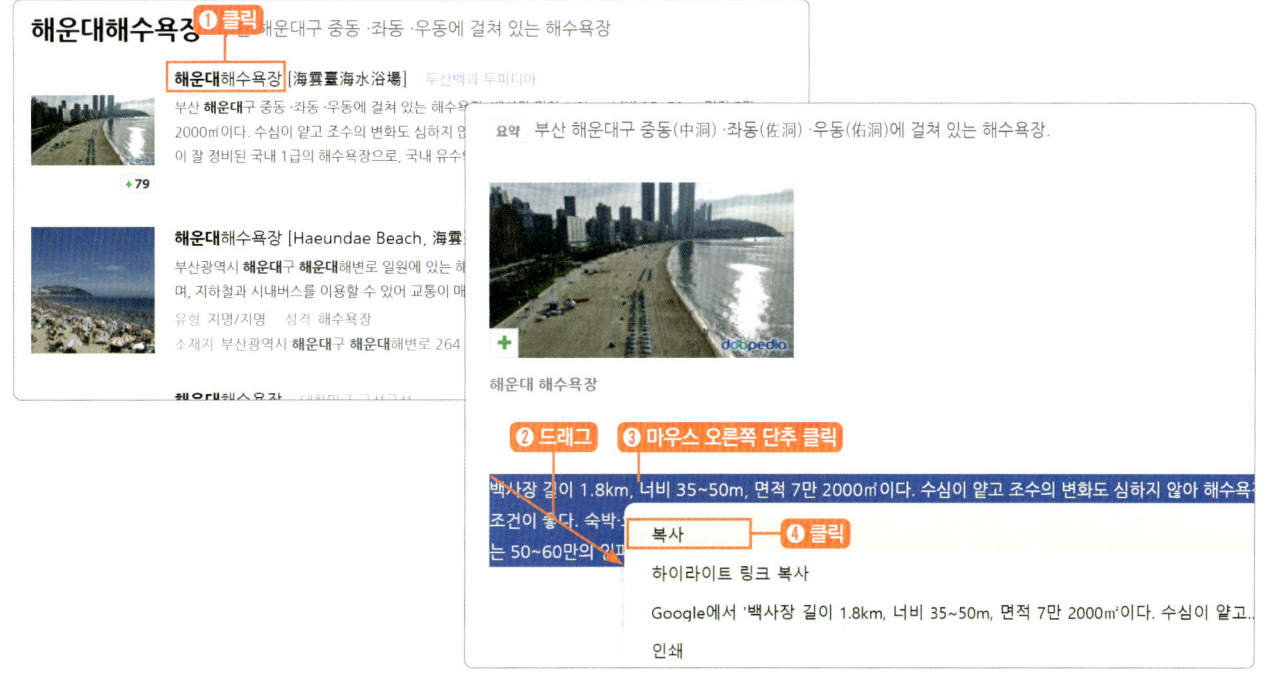

CHAPTER 21 우리 동네 소개 • 131

3. [한글 2022]를 실행한 후 [서식 도구상자]-[불러오기( )]-[불러올 파일]-[CHAPTER 21]-'도시 소개.hwpx'를 선택한 후 <열기> 단추를 클릭합니다. 이어서, 2페이지 빈 글상자를 클릭한 후 마우스 오른쪽 단추를 클릭하여 [붙이기]를 클릭합니다.

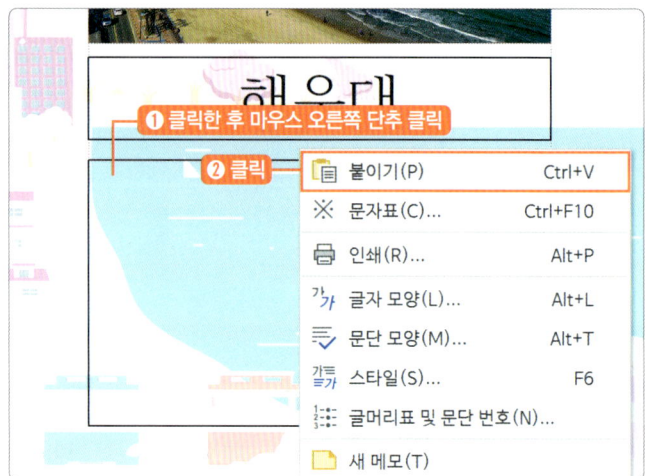

4. [HTML문서 붙이기] 대화상자가 나오면 [데이터 형식 선택]-'텍스트 형식으로 붙이기'를 클릭하고 <확인> 단추를 클릭합니다.

02 번역 기능

1. 붙여넣기한 내용 중 번역할 내용을 블록으로 지정한 후 [도구] 탭-[번역]-'선택 영역 번역'을 선택합니다. 이어서, '한국어(대한민국)→영어(미국) 번역을 선택했습니다. 계속할까요?' [호글] 대화상자가 나오면 <번역> 단추를 클릭합니다.

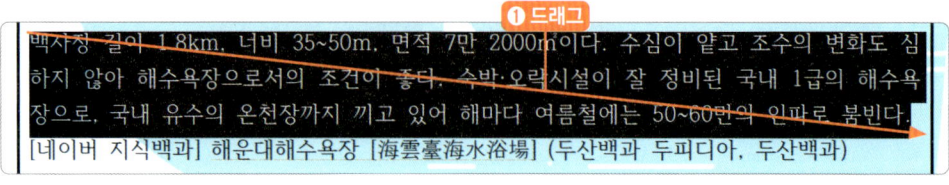

2. [번역] 대화상자에서 [번역 언어 선택]에 '한국어(대한민국)', '영어(미국)' 순서로 번역이 됩니다. 이어서, 보기와 같이 번역된 내용을 확인 할 수 있습니다.

   ※ 번역은 하루에 무료로 10,000자까지 제공합니다.

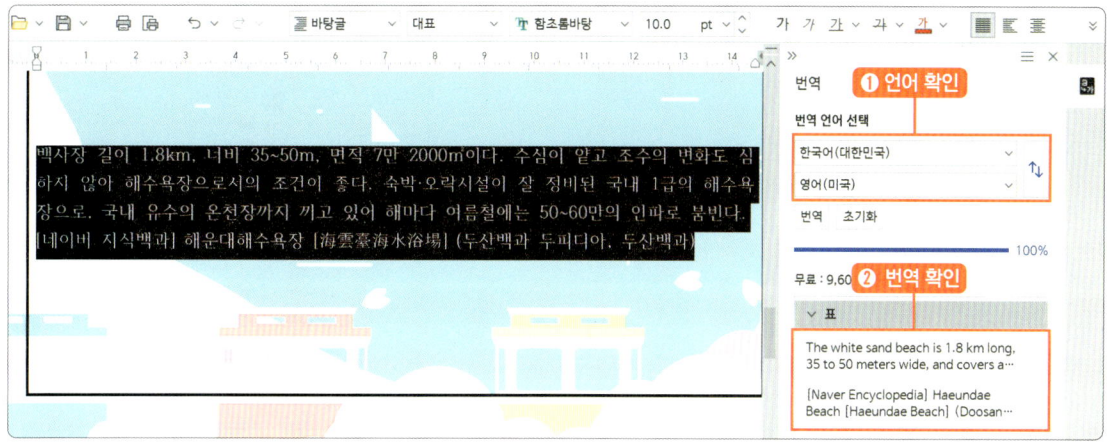

3. 번역된 내용을 클릭하고 '문단 아래에 삽입'을 선택합니다.

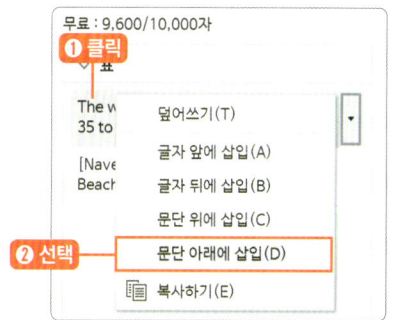

4. 다음과 같이 번역된 내용이 삽입된 것을 확인할 수 있습니다.

백사장 길이 1.8km, 너비 35~50m, 면적 7만 2000㎡이다. 수심이 얕고 조수의 변화도 심하지 않아 해수욕장으로서의 조건이 좋다. 숙박·오락시설이 잘 정비된 국내 1급의 해수욕장으로, 국내 유수의 온천장까지 끼고 있어 해마다 여름철에는 50~60만의 인파로 붐빈다.
The white sand beach is 1.8 km long, 35 to 50 meters wide, and covers an area of 70,000 square meters. The water depth is shallow and the tide doesn't change too much, so the conditions are good as a beach. It is a first-class beach in Korea with well-equipped lodging and entertainment facilities, and is also home to one of the country's leading hot springs, so it is crowded with 50 to 600,000 people every summer.
[네이버 지식백과] 해운대해수욕장 [海雲臺海水浴場] (두산백과 두피디아, 두산백과)

03 덧말 입력

1. 2페이지 '해운대' 단어를 블록 지정합니다. 이어서, [입력]-[덧말 넣기]를 클릭합니다.

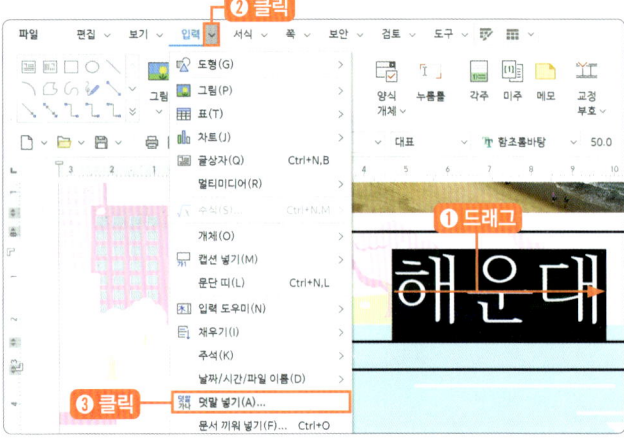

2. [덧말 넣기] 대화 상자가 나오면 [덧말]에 '부산의 중심'이라고 입력한 후 [덧말 위치]는 '위로'를 선택합니다. 이어서, <넣기> 단추를 클릭합니다.

 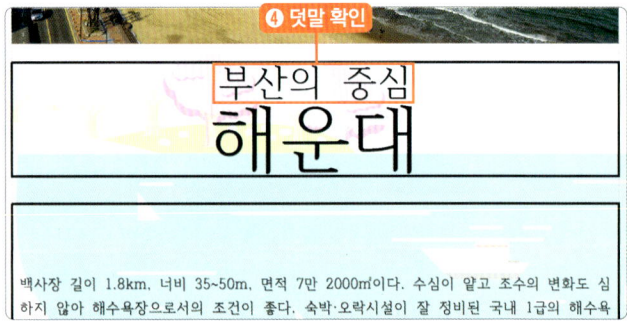

3. '3, 4페이지'도 같은 방법으로 문서를 작성합니다.

4. '다른 이름으로 저장하기' 단축키인 Alt + V 를 눌러 [다른 이름으로 저장하기] 대화상자가 나오면 본인의 폴더를 선택한 후 이름을 '도시 소개(완성)'을 입력합니다. 이어서, <저장> 단추를 클릭합니다.

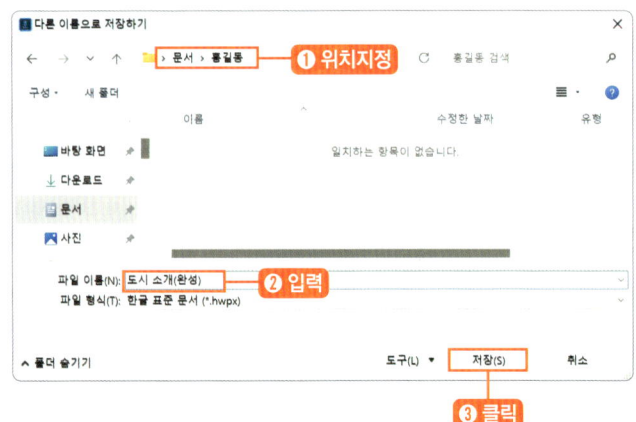

CHAPTER 21 혼자 뚝딱

● 불러올 파일 : 연습하기 01.hwpx   ● 완성된 파일 : 연습하기 01(완성).hwpx

문제 01 아래와 같이 문서를 만들어 봅니다.

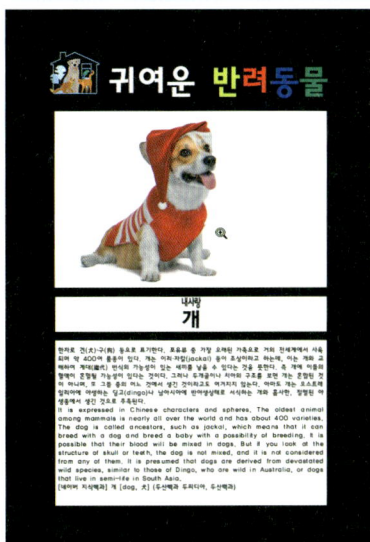

 작업 순서

1. '연습하기 01.hwpx' 파일을 불러옵니다.
2. 네이버 지식백과 검색을 통해 동물들의 상세 설명을 복사하여 붙여넣기 한 후 다른 나라 언어로 번역해 봅니다.
3. 동물 이름에 덧말을 넣습니다.

CHAPTER 22 내가 좋아하는 글 적기

● 불러올 파일 : 없음   ● 완성된 파일 : 원고지(완성).hwpx

학습목표

- 원고지를 사용할 수 있습니다.
- 바탕쪽을 제거하고 배경을 삽입할 수 있습니다.

오늘 배울 기능 : 원고지, 바탕쪽

완성작품 미리보기

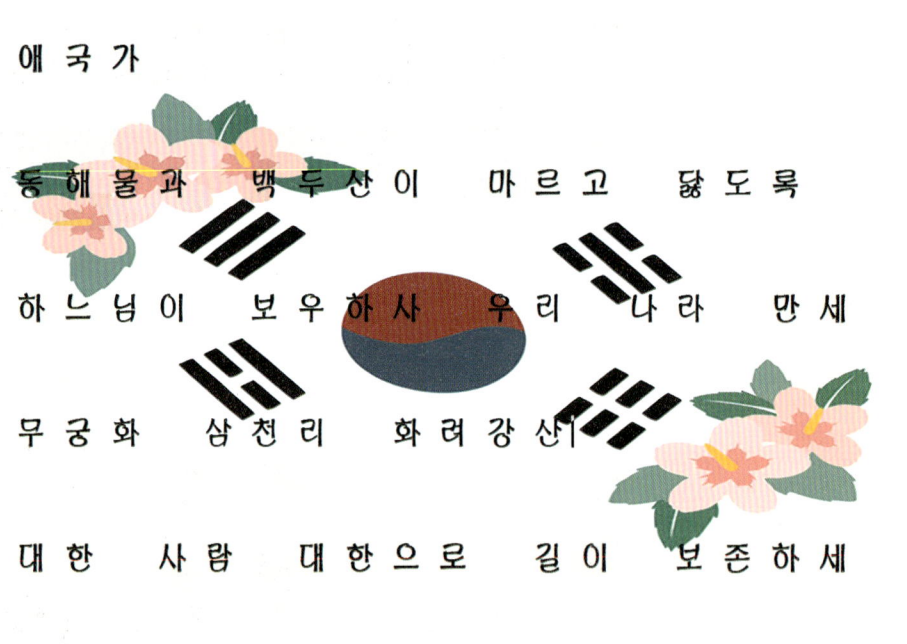

스토리 소설이나 동화책, 동시나 노래 가사 등 세상에 많은 글들이 있습니다. 이러한 글들 중 내가 좋아해서 평소에 따라부르거나 외우고 다니는 글 또는 노래 가사를 직접 원고지에 적어보고 나만의 필사 노트를 만들어 보는 건 어떨까요?

01 원고지 설정

1. [한글 2022]를 실행합니다.

2. 빈 문서에 [쪽] 탭-[원고지]를 클릭합니다. 이어서, [원고지] 대화상자가 나오면 [원고지 목록]에서 '200자 원고지(A4용지)-빨강'을 선택하고 <열기> 단추를 클릭합니다.

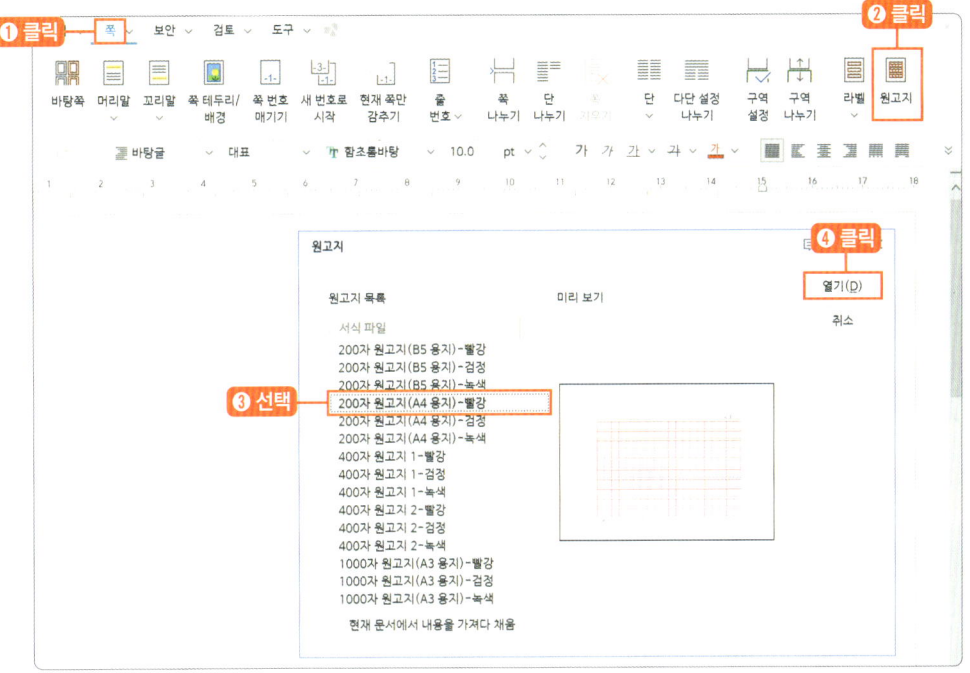

3. 원고지에 아래와 같이 애국가를 입력한 후 글자 모양을 변경해 봅니다.
   - **글자 속성** : 글꼴(태나무), 크기(19.2 pt)

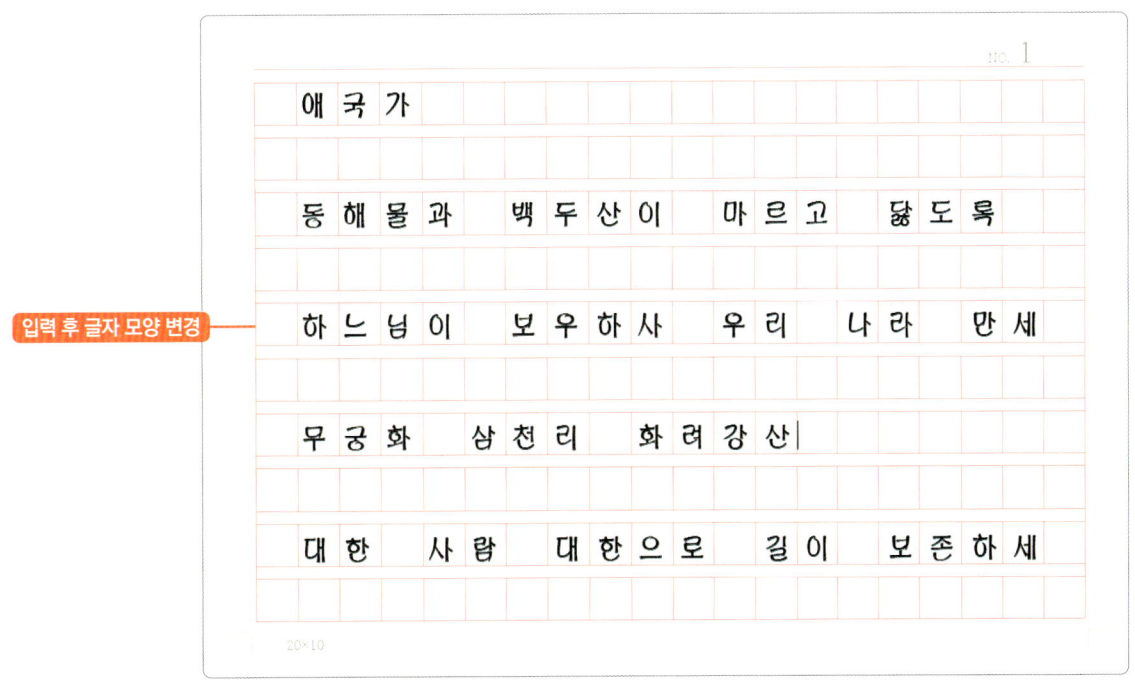

CHAPTER 22 내가 좋아하는 글 적기 • **137**

02 바탕쪽 배경 넣기

1. [쪽]-[바탕쪽]을 클릭합니다.

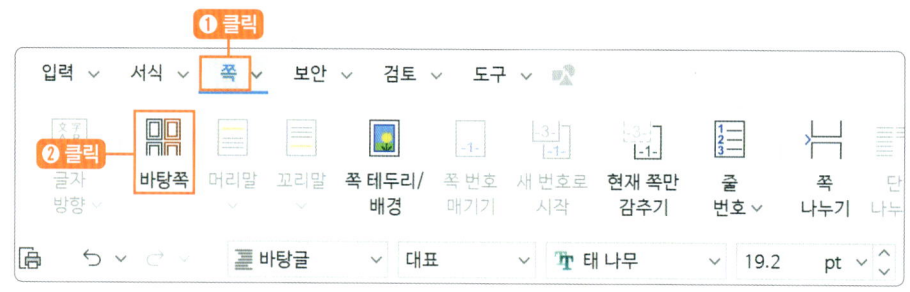

2. [입력]-[그림]을 선택합니다.

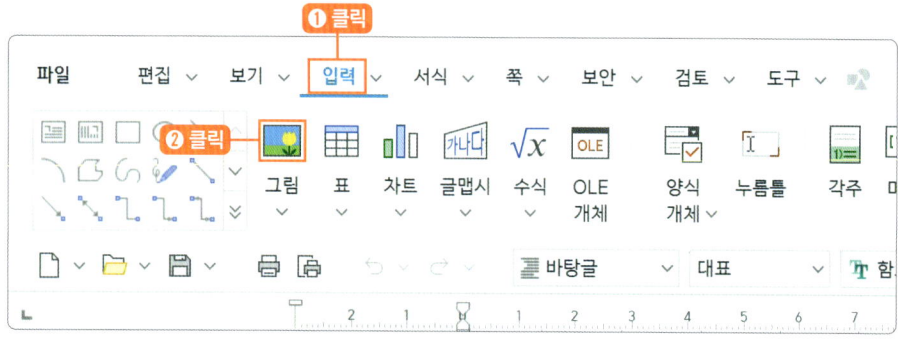

3. [불러올 파일]-[CHAPTER 22]-'태극기.jpg'를 선택하고 <열기> 단추를 클릭합니다.
   - 마우스로 크기 지정 체크

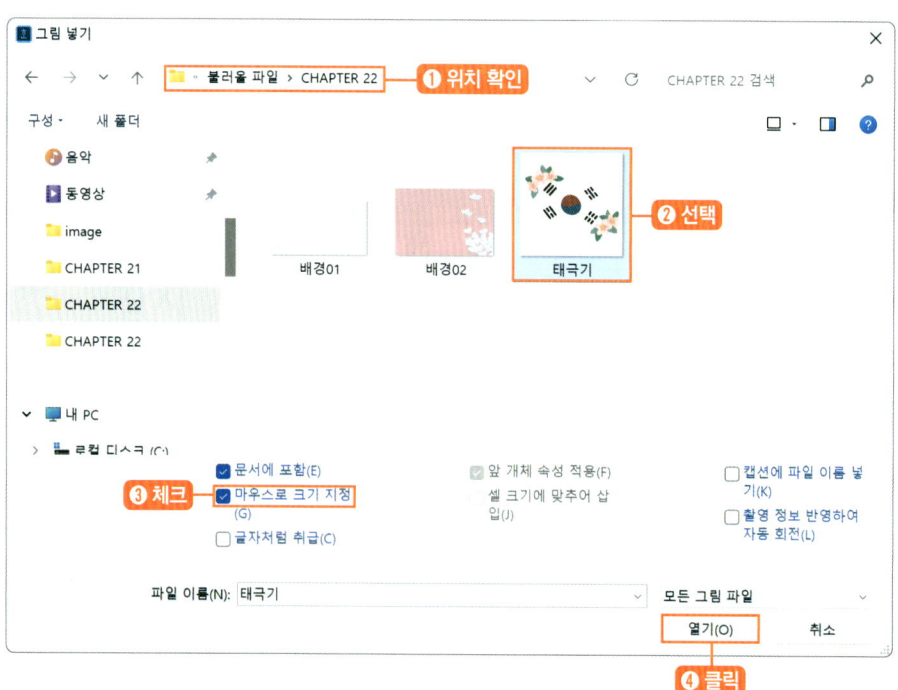

4. 태극기 이미지를 원고지 사이즈에 맞춰 드래그합니다. 이어서, 태극기 그림을 더블클릭하여 [개체 속성] 대화상자가 나오면 [기본] 탭-[본문과의 배치]-'글 뒤로(▣)' 선택한 후 <설정> 단추를 클릭합니다.

- 삽입된 그림이 원고지 뒤에 있으면 '글 뒤로(▣)' 하지 않아도 됩니다.
- 그림 삽입시 **Shift** 키를 누른 채 드래그하면 가로 세로 크기를 자유롭게 지정할 수 있습니다.

개체 속성
- 글자처럼 취급(✓ 글자처럼 취급) : [개체 속성]이나 [도구 상자]에서 이 항목이 체크되어 있는 경우 '그림'과 같은 개체는 '글자'처럼 다뤄집니다.
- 어울림(▣) : 본문과 어울리게 개체를 배치합니다.
- 자리 차지(▣) : 개체를 삽입하는 줄에 그 개체만 자리할 수 있습니다.
- 글 앞으로(▣) : 본문의 글자나 다른 개체의 앞에 배치합니다.
- 글 뒤로(▣) : 글자나 다른 개체의 뒤에 배치합니다.

03 원고지 바탕쪽 지우기

1. 원고지 표의 경계선을 클릭하고 Delete 키를 눌러 원고지를 지워줍니다. 이어서, 숫자가 입력된 내용도 지우고, [바탕쪽] 탭을 클릭하여 <닫기(⊗)> 단추를 클릭합니다.

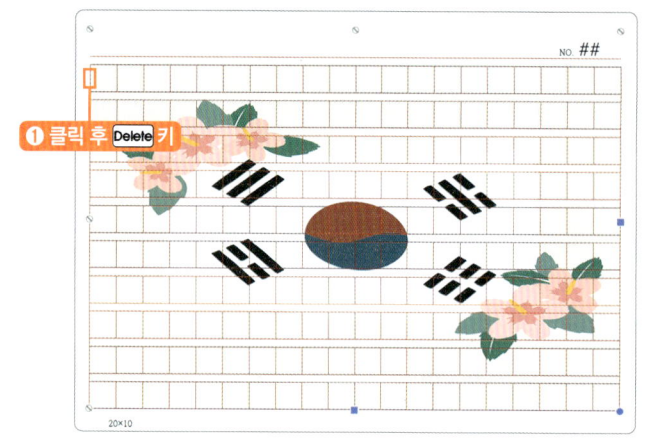

[바탕쪽] 탭의 오른쪽에 ×표시를 눌러도 <닫기>가 실행됩니다.

2. 바탕에 이미지가 들어간 것을 확인합니다. 이어서, '다른 이름으로 저장하기' 단축키인 Alt + V 를 눌러 [다른 이름으로 저장하기] 대화상자가 나오면 본인의 폴더를 선택한 후 이름을 '원고지(완성)'을 입력합니다. 이어서, <저장> 단추를 클릭합니다.

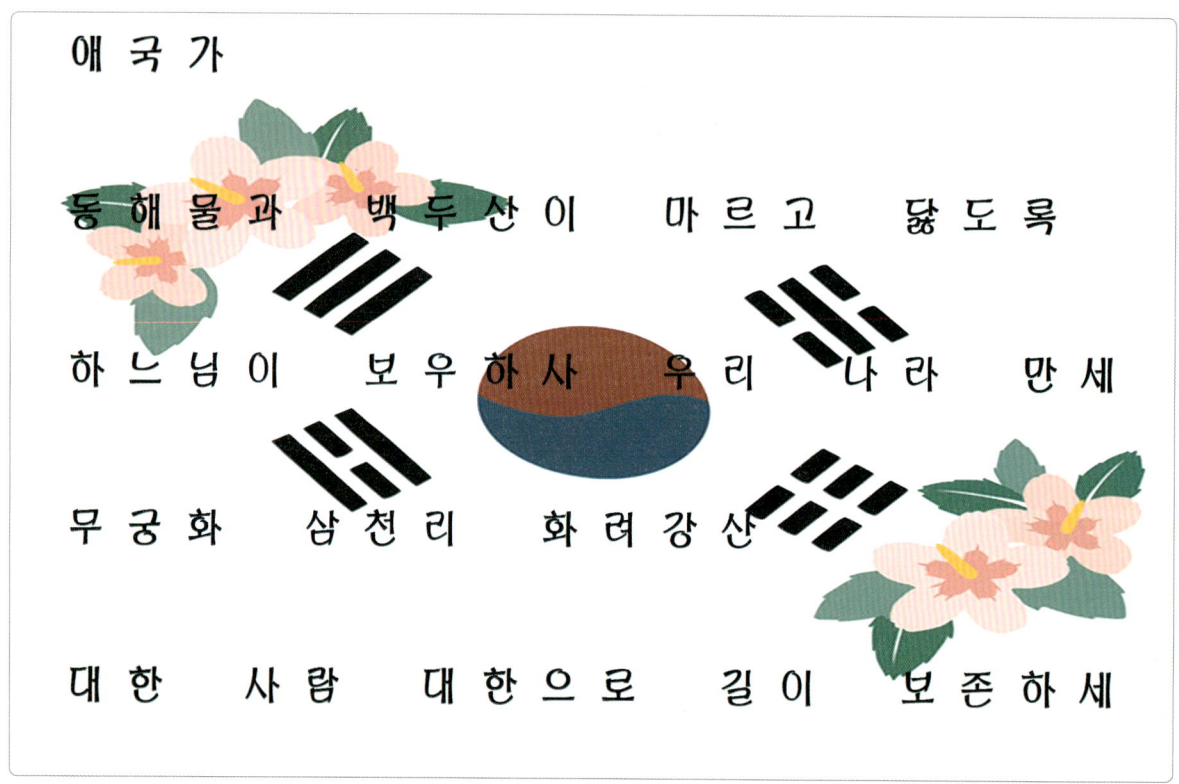

CHAPTER 22 혼자 뚝딱

●불러올 파일 : 연습하기 01.hwpx   ●완성된 파일 : 연습하기 01(완성).hwpx

문제 01 아래와 같이 문서를 만들어 봅니다.

```
별    헤는    밤

별    하나에    추억과
별    하나에    사랑과
별    하나에    쓸쓸함과
별    하나에    동경과
별    하나에    시와
별    하나에    어머니,    어머니
```

문제 02 ●불러올 파일 : 연습하기 02.hwpx   ●완성된 파일 : 연습하기 02(완성).hwpx

아래와 같이 문서를 만들어 봅니다.

NO. 1

넌	할	수		있어라고			말	해	주	세	요	.							
	"	넌		할		수		있	어	"	라	고		말	해		주	세	요
그	럼		우	리	는		무	엇	이	든		할		수		있	지	요	.
	짜	증	나	고	(	짜	증	나	고	)		힘	든		일	도	(	힘	든
일	도	)		신	나	게		할		수		있	는		꿈	이		크	고
고	운		마	음	이		자	라	는		따	뜻	한		말		넌		할
수		있	어																

20×10

나만의 명함 만들기

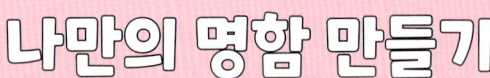

● 불러올 파일 : 명함 배경 01~02.jpg   ● 완성된 파일 : 명함 배경(완성).hwpx

- 라벨 문서를 만들 수 있습니다.
- 셀 테두리 / 배경을 설정할 수 있습니다.
- 글 상자 기능을 이용할 수 있습니다.

오늘 배울 기능 : 라벨 문서, 셀 테두리 / 배경, 글 상자

스토리 명함은 성명, 주소, 직업, 신분 따위를 적은 네모난 종이 카드입니다.
흔히 처음 만난 사람에게 자신을 알리기 위해 건네주는 것입니다.
나만의 명함을 직접 만들어 봅니다.

01 라벨 문서 설정

1. [한글 2022]를 실행합니다.

2. 빈 문서에 [쪽] 탭-[라벨]-'라벨 문서 만들기'를 선택합니다. 이어서, [라벨 문서 만들기] 대화상자가 나오면 [라벨 문서 꾸러미]-[Formtec]-'명함지(10칸)-3700'을 선택하고 <열기> 단추를 클릭합니다.

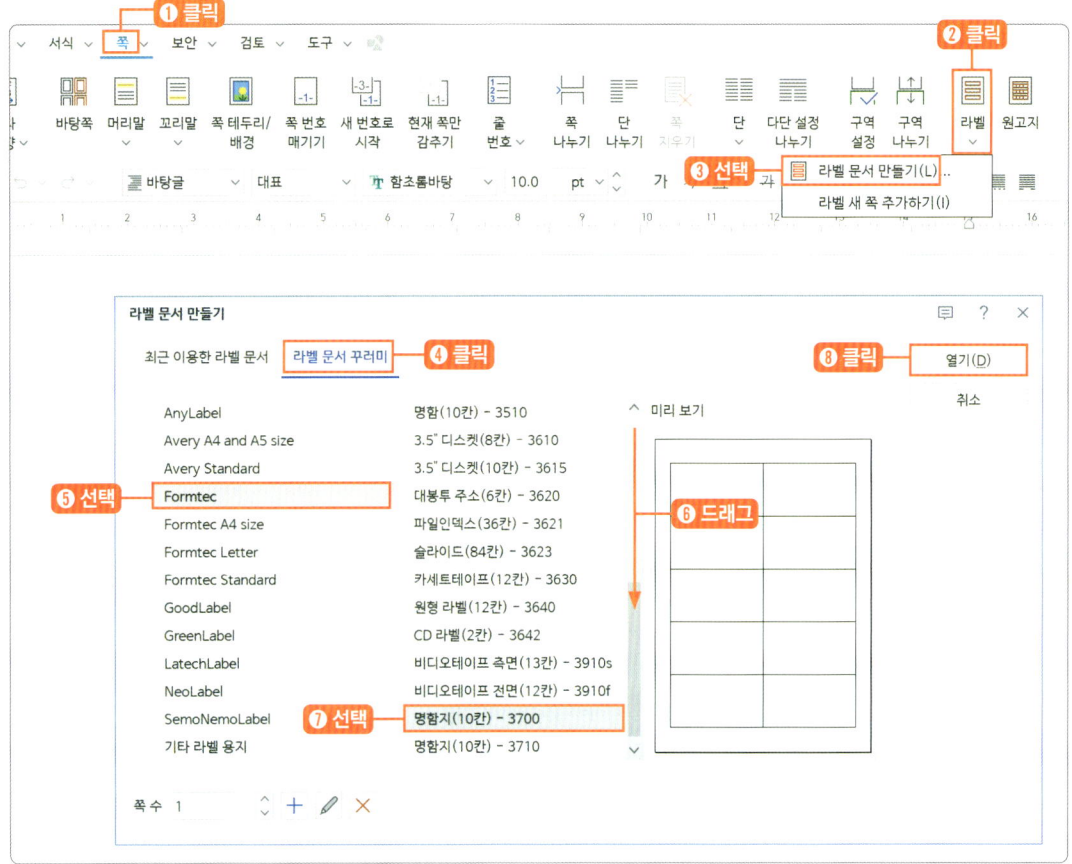

라벨이란?
- 라벨은 다른 대상과의 분류나 구분을 목적으로 각종 테이프나 디스켓 등에 각각의 특색을 간단히 표시하기 위해 달아 두는 이름표를 말합니다.
- 한글에서는 [쪽-라벨-라벨 문서 만들기]를 이용하여, 편집 화면에서 라벨 용지 모양을 그대로 보면서 테이프, 디스켓, 바코드, 엽서는 물론 명함 등을 간단히 만들 수 있습니다.

셀 테두리/배경 설정

1. 표 전체를 드래그하여 블록을 지정 한 뒤 마우스 오른쪽 단추를 누르고 [셀 테두리/배경]-'각 셀마다 적용'을 선택합니다.

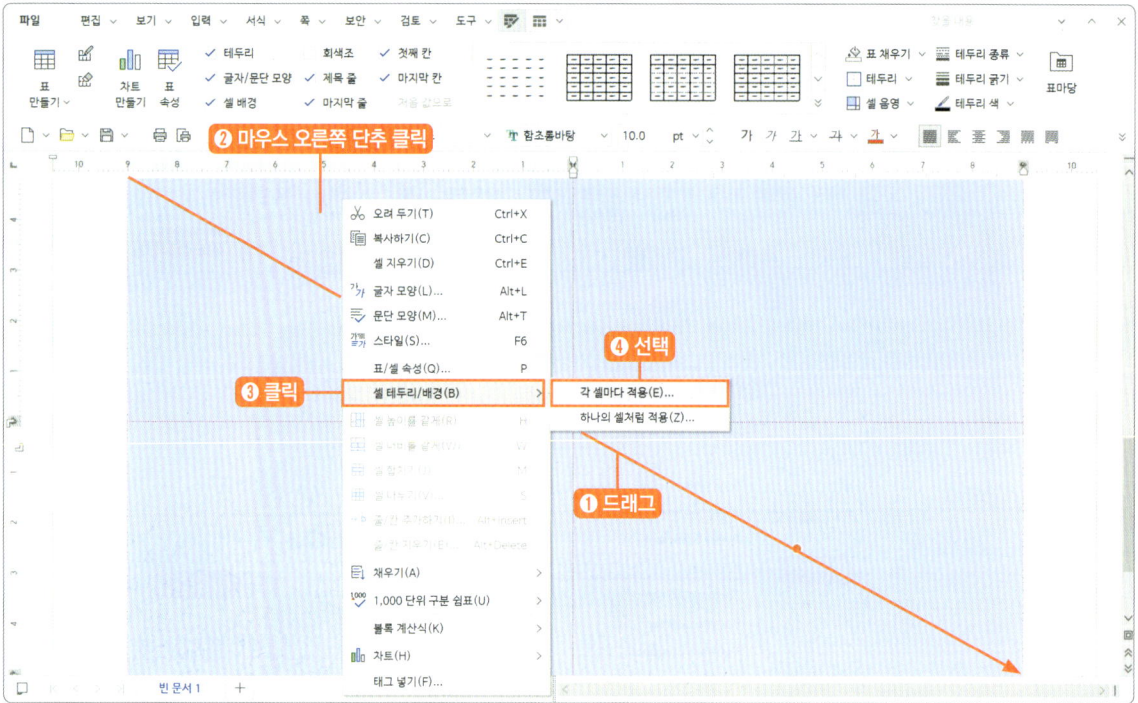

2. [셀 테두리/배경] 대화상자에서 [테두리] 탭에 [종류], [굵기], [색]을 아래와 같이 설정한 후 '모두( )'를 누르고 <설정> 단추를 클릭합니다.
   - 종류(실선), 굵기(0.1), 색(검정)

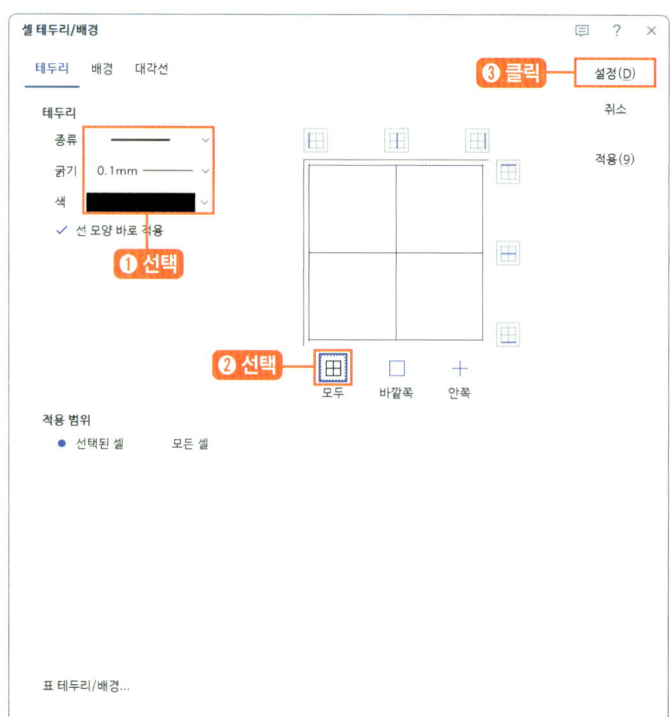

3. 1줄 1칸을 선택한 후 Ctrl 키를 누른 채 2줄 2칸, 3줄 1칸, 4줄 2칸, 5줄 1칸을 차례대로 선택한 후 마우스 오른쪽 단추를 누르고 [셀 테두리/배경]-'각 셀마다 적용'을 선택합니다. 이어서, [셀 테두리/배경] 대화상자가 나오면 [배경] 탭에 '그림'을 체크하고 '불러오기(📁)' 아이콘을 클릭합니다.

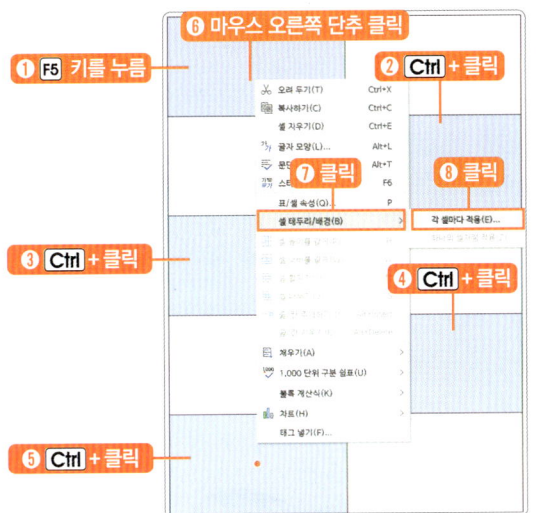
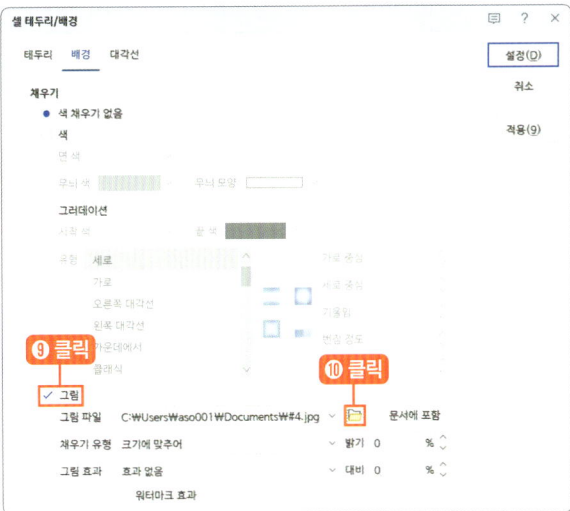

4. [불러올 파일]-[CHAPTER 23]-'명함01.jpg'를 선택하고 <열기> 단추를 클릭합니다. 이어서 <설정> 단추를 클릭합니다.

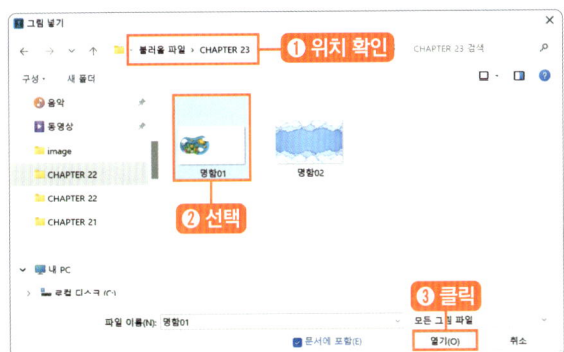
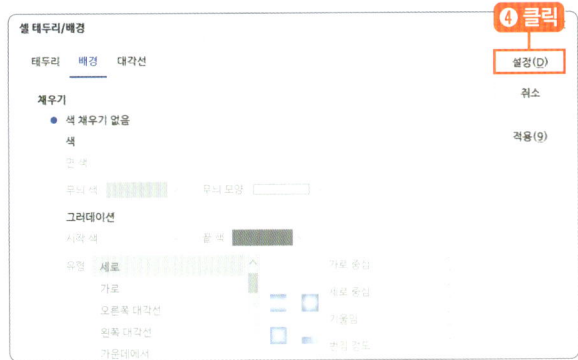

5. 같은 방법으로 나머지 빈 칸에 '명함02.jpg'를 삽입합니다.

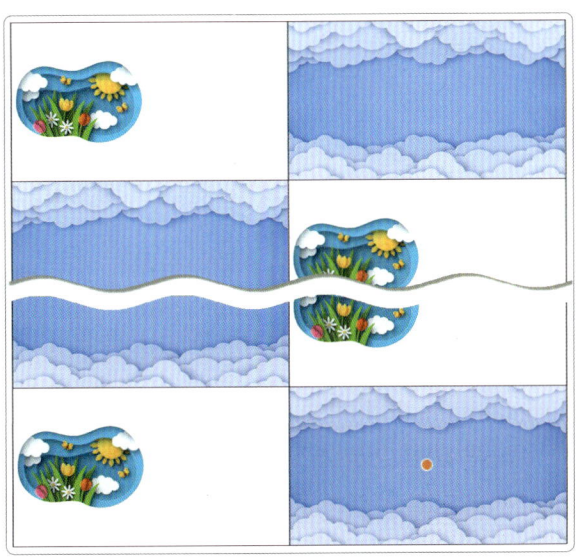

03 글상자 삽입

1. [입력] 탭에 '가로 글상자'를 선택하여 1줄 1칸을 드래그합니다. 이어서, 다음과 같이 이름, 학교, 전화번호를 입력하고, 크기와 색상을 자유롭게 설정합니다.
   - **글자 모양** : 글꼴(HY수평선B) **글상자 속성** : 선(없음), 색 채우기(없음)

2. 글상자를 선택한 후 **Ctrl** 키를 누른 상태에서 모든 칸에 드래그 하여 복사한 후 아래 그림과 같이 글자색을 변경해 봅니다.

3. '다른 이름으로 저장하기' 단축키인 **Alt** + **V** 를 눌러 [다른 이름으로 저장하기] 대화상자가 나오면 본인의 폴더를 선택한 후 이름을 '명함 배경(완성)'을 입력합니다. 이어서, <저장> 단추를 클릭합니다.

CHAPTER 23  혼자 뚝딱

● 불러올 파일 : 연습하기 01.hwpx   ● 완성된 파일 : 연습하기 01(완성).hwpx

문제 01 아래와 같이 문서를 만들어 봅니다.
- Formtec – 물건 이름표(12칸) – 3112

CHAPTER 24. 장래 희망 카드 뉴스

● 불러올 파일 : 장래 희망.hwpx   ● 완성된 파일 : 장래 희망(완성).hwpx

- 동영상을 삽입할 수 있습니다.
- 프리젠테이션 기능을 삽입하고 실행할 수 있습니다.

오늘 배울 기능 : 동영상, 글맵시, 프리젠테이션

완성작품 미리보기

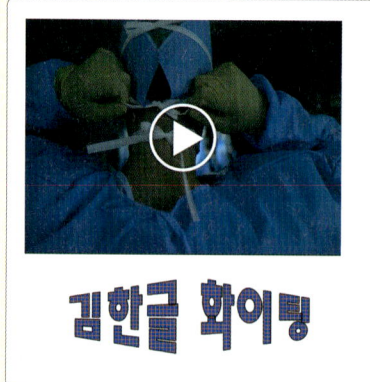

 **스토리** 여러분의 장래희망은 무엇인가요? 대통령? 과학자? 선생님?
희망 직업이 시대에 맞춰 점차 다양해지고 있다고 합니다. 나의 개성과 적성에 맞는 장래희망은 무엇인지 한번 소개해 봅니다.

01 동영상 삽입

1. [한글 2022]를 실행한 후 [서식 도구상자]-[불러오기(📁)]-[불러올 파일]-[CHAPTER 24]-'장래희망.hwpx' 를 선택한 후 <열기> 단추를 클릭합니다.

2. '2페이지'를 클릭하고 [입력]-[멀티미디어]-'동영상(M)'을 선택합니다.

3. [동영상 넣기] 대화상자에서 '문서에 포함'을 체크하고 [로컬 동영상]에 '불러오기(📁)' 아이콘을 클릭합니다.
   ※ 문서에 포함은 한글 문서 안에 동영상 파일이 저장되어 재생할 수 있습니다.

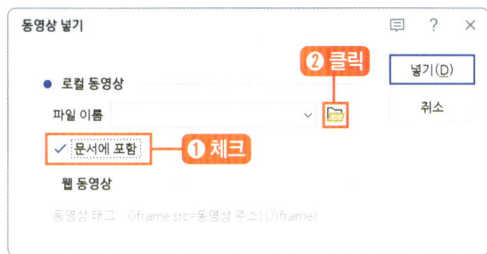

4. [불러올 파일]-[CHAPTER 24]-'장래 희망1.mp4'를 선택하고 <열기> 단추를 클릭합니다. 이어서, [동영상 넣기] 대화상자에서 <넣기> 단추를 클릭합니다.

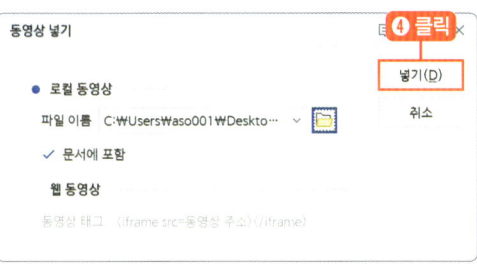

5. 동영상이 삽입되면 페이지에 알맞게 배치한 다음 플레이 단추를 누르면 재생되는 것을 확인할 수 있습니다. '4페이지'에 '장래 희망2.mp4'를 같은 방법으로 삽입 및 플레이 단추를 눌러 확인해 봅니다.

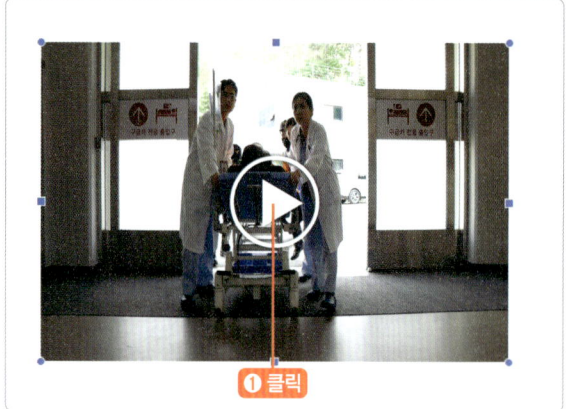
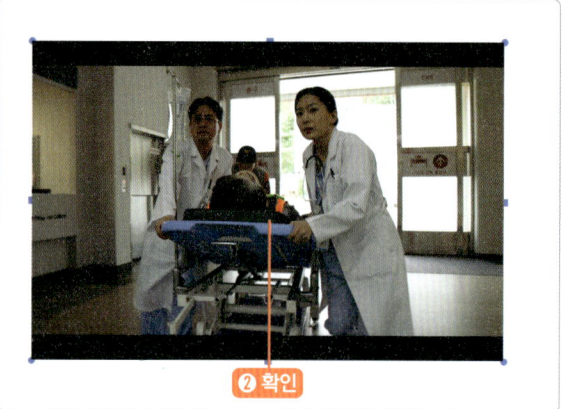
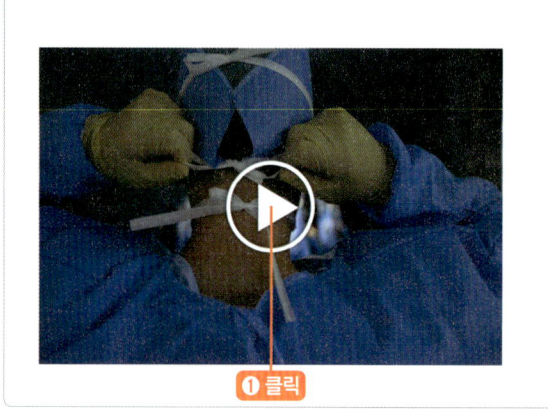
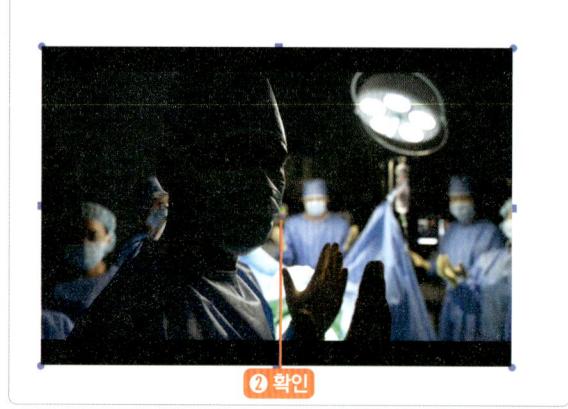

02 프레젠테이션

1. [도구] 탭-[프레젠테이션]-'프레젠테이션 설정(R)'을 선택합니다.

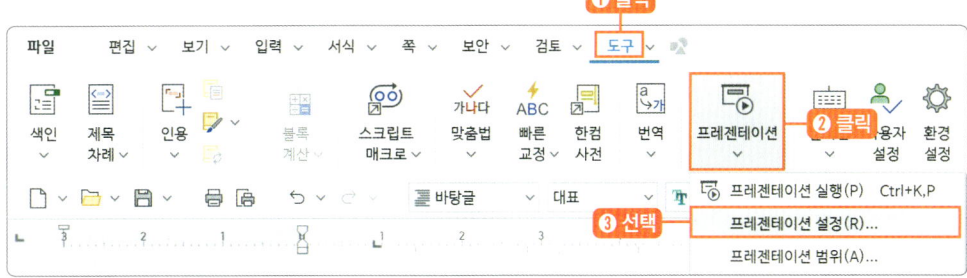

2. [프레젠테이션 설정] 대화상자에서 [배경 화면] 탭-[색(노랑)]으로 설정하고 [화면 전환] 탭-[화면 전환] 효과를 원하는 효과로 선택합니다. 이어서, '자동 시연' 체크를 하고 [전환 시간(2초)]로 지정한 후 <설정> 단추를 클릭합니다.

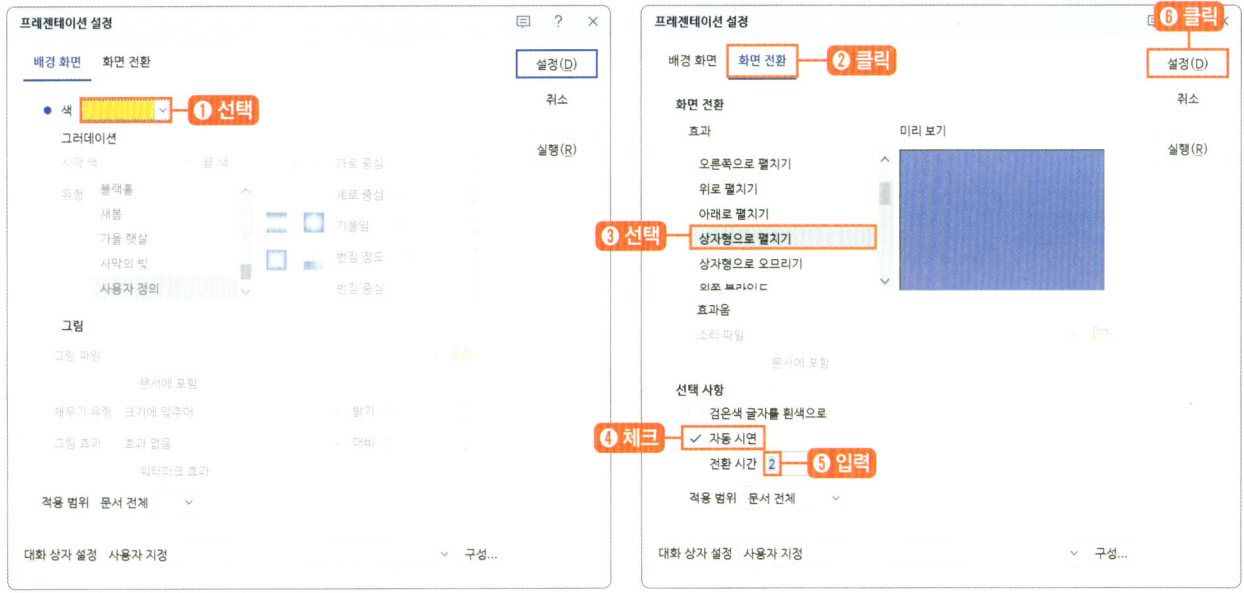

3. [도구] 탭-[프레젠테이션]-'프레젠테이션 실행'을 클릭합니다.

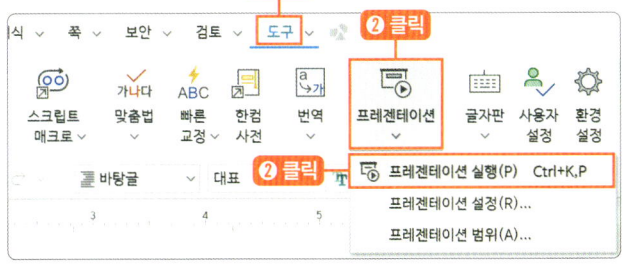

CHAPTER 24 장래 희망 카드 뉴스 • **151**

4. '다른 이름으로 저장하기' 단축키인 Alt + V를 눌러 [다른 이름으로 저장하기] 대화상자가 나오면 본인의 폴더를 선택한 후 이름을 '장래 희망(완성)'을 입력합니다. 이어서, <저장> 단추를 클릭합니다.

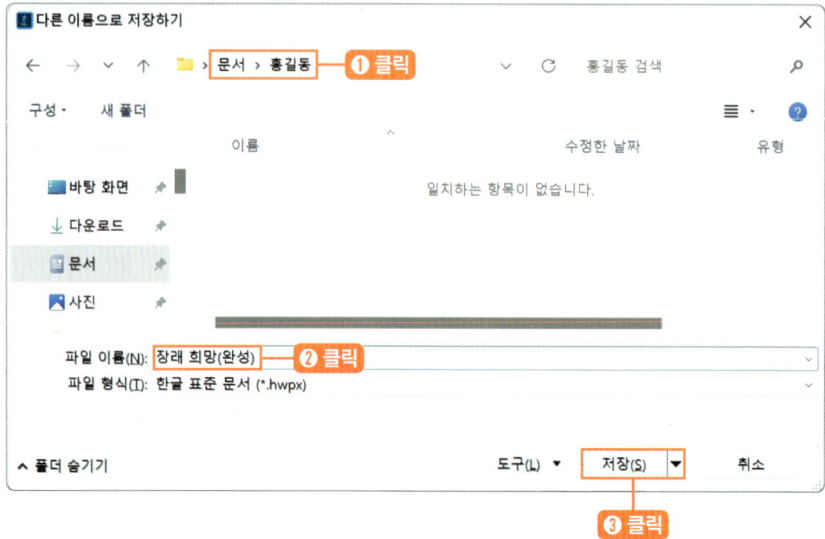

혼자 뚝딱

● 불러올 파일 : 연습하기 01.hwpx   ● 완성된 파일 : 연습하기 01(완성).hwpx

문제 01 아래와 같이 문서를 만들어 봅니다.

 작업 순서

1. '1, 2페이지'에 동영상을 삽입합니다.(성탄절1.mp4, 성탄절2.mp4)
2. '3페이지'에 글맵시를 작성합니다.

중간점검 (01~12)

● 불러올 파일 : 중간점검 01.hwpx   ● 완성된 파일 : 중간점검 01(완성).hwpx

문제 01 내 이름 도형문자를 만들어 봅니다.

1. '중간점검 01.hwpx' 파일을 불러옵니다.
2. [도형] 탭-'다각형' '타원' 등을 이용하여 나의 이름을 만들어 봅니다.
3. 도형 속성을 이용하여 자유롭게 꾸며 봅니다.

●불러올 파일 : 중간점검 02.hwpx　●완성된 파일 : 중간점검 02(완성).hwpx

문제 02　아래와 같이 문서를 만들어 봅니다.

1. '중간점검 02.hwpx' 파일을 불러옵니다.
2. [입력] 탭-[개체]-'글맵시' 등을 이용하여 '지구를 지켜줘', '우리 지구를 지켜주세요.'라는 문구를 만들어 봅니다.

스스로평가 최종점검 (13~24)

● 불러올 파일 : 최종점검 01.hwpx, 여자아이.jpg, 남자아이.jpg   ● 완성된 파일 : 최종점검 01(완성).hwpx

문제 01 아래와 같이 문서를 만들어 봅니다.

작업 순서

1. [입력] 탭에 원형을 삽입하고 [개체 속성]-[채우기]-'그림'으로 '남자아이' 또는 '여자아이'를 고릅니다.
2. 표 2줄 2칸 ~ 3줄 2칸에 내용을 입력하고 그림 글머리표를 지정합니다.
3. 나의 능력치를 설정하고 [표]-[셀 테두리/배경]-[채우기]-'단색'을 이용하여 색 채우기를 한 후 전체 셀에 '선 없음'으로 지정합니다.

● 불러올 파일 : 최종점검 02.hwpx   ● 완성된 파일 : 최종점검 02(완성).hwpx

문제 02 아래와 같이 문서를 만들어 봅니다.

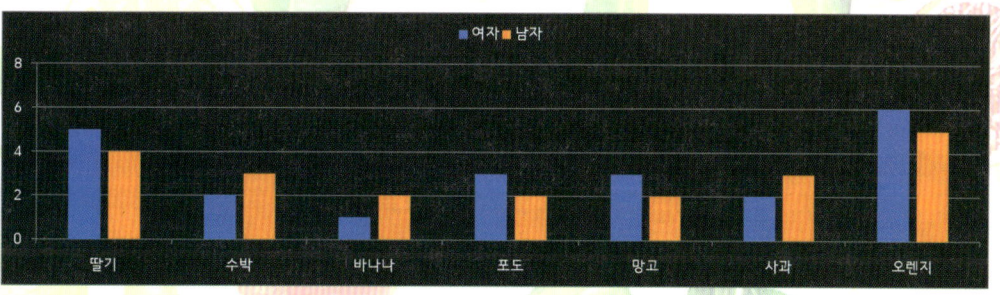

	딸기	수박	바나나	포도	망고	사과	오렌지
여자	5	2	1	3	3	2	6
남자	4	3	2	2	2	3	5
합계	9	5	3	5	5	5	11

작업 순서

1. [입력] 탭에 [글맵시]를 이용하여 제목을 만듭니다.
2. 표 2줄 2칸~3줄 8칸까지 내용을 입력합니다.
3. 2줄 2칸에서 3줄 8칸까지 드래그하여 마우스 오른쪽 단추를 누른 후 [블록 계산식]에 '블록 합계'를 구합니다.
4. 표를 이용하여 차트를 만든 후 '차트 스타일2'로 지정합니다.

K마블 소개

아카데미소프트와 코딩아지트의 컴교실 **타자 프로그램**

[K마블이란?]

[K마블 인트로]

▶ 아직도 막 쳐! **'K마블'** 이라고 들어봤니?
▶ 키보드타자 + 마우스 + 문제해결능력은 물론 **블록코딩**과 **학습게임**까지
▶ 타자치는 인공지능 로봇 **키우스봇**과 함께하는 학습게임 타자 프로그램
▶ 모든 연습 내용은 **문해력**에 필요한 단어, 문장으로 구성
▶ 대전게임, 단어 연상 게임, 그래픽 고도화가 **업데이트** 되었습니다. 앞으로도 사용자 환경등 **지속적인 업데이트** 예정입니다.

K마블이 **V 1.1**로 업데이트 되었어요!
영어 버전도 준비하고 있어요^^

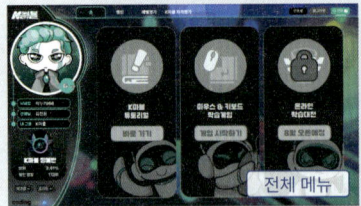
전체 메뉴

K마블 튜토리얼

커스텀 프로필

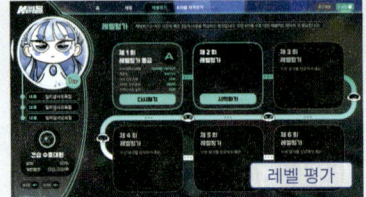
레벨 평가

마우스 게임

온라인 대전

▶ **커스텀 프로필**
자신의 케릭터를 꾸밀 수 있는 기능이 추가되었습니다. 케릭터의 머리, 얼굴, 옷, 장신구를 변경하여 자신만의 개성있는 케릭터를 만들어 봅니다.

▶ **레벨평가 시안성**
레벨평가 화면이 이전 화면 보다 보기 좋게 변경되었습니다. 배운 내용을 복습하여 높은 점수에 도전해 봅니다.

▶ **마우스 학습 게임 - 사칙연산 게임**
사칙연산을 이용해 제시된 숫자를 만드는 게임입니다. 난이도에 따라 더하기, 빼기, 곱하기, 나누기를 이용하여 제시된 숫자를 만들어 봅니다. 쉬움 난이도부터 게임을 익혀 봅니다.

▶ **온라인 대전 게임 - 영토 사수 작전**
친구들과 일대일 온라인 대전 게임으로 오타 없이 빨리 타자를 입력하여 영토를 지배하는 게임입니다. 비슷한 타수의 친구와 대결하면 재미있는 승부를 볼 수 있습니다.

 ※ K마블 영어 버전은 2025년 상반기에 출시될 예정이에요^^

컴퓨터 타자 활용 능력 자격 평가 안내

컴퓨터 자격증의 시작!
컴퓨터 타자 활용 능력

| 시행처 : 국제자격진흥원

[민간자격등록]
K마블 한글타자(2024-001827)
K마블 영문타자(2024-002318)

▶ **자격증 개요**

'컴퓨터 타자 활용 능력' 자격 평가 시험은 컴퓨터 입문자를 위한 기초 자격시험으로 ITQ 및 DIAT 등 컴퓨터 자격시험 이전에 간단한 타자 능력을 평가하는 기초 자격 평가 시험입니다.

▶ **시험 과목 및 출제 기준**

컴퓨터 기초 이론 + 마우스 + 키보드(타자) + 문제해결능력(블록 코딩)으로 구성

시험과목	시간	문항수	배점	등급
컴퓨터 기초 이론	10	10	100	A등급 → 900점 이상
마우스 사용 능력	10	2	300	B등급 → 800점 이상
키보드(타자) 사용 능력	10	2	300	C등급 → 700점 이상
문제해결능력	10	2	300	D등급 → 600점 이상

▶ **자격증 특징**

✓ 누구나 쉽게 온라인으로 진행
- 교육기관에서는 단체 시험을 누구나 쉽게 온라인으로 원서접수 및 자격시험을 볼 수 있습니다.
- 교육기관은 교육 현장에서 교육 후 바로 시험을 볼 수 있습니다.
- 개인 응시자도 방문 접수 및 집체 시험 없이 온라인으로 원서접수 및 자격시험을 볼 수 있습니다.

✓ 타자 능력을 평가하는 컴퓨터 기초 시험입니다.
- OA 과정 또는 ITQ 및 DIAT 등 컴퓨터 전문 자격증을 취득하기 이전에 필요한 기초 타자 자격 시험입니다.
- 컴퓨터를 처음 접하는 입문자들에게 컴퓨터 기초 지식과 타자 및 마우스 사용 능력을 평가하는 시험입니다.

✓ 학습과 시험이 간단 명료합니다.
- K마블과 교재로 학습하고 해당 내용에서 출제하는 간단한 시험입니다.

✓ 모든 시험이 CBT 방식으로 컴퓨터에서 모두 시행됩니다.
- 시험의 모든 과목이 컴퓨터에서 진행됩니다.

※ **2025년 상반기 첫 시험**이 시행됩니다. (별도 공지)

아카데미소프트 홈페이지 소개

새롭게 리뉴얼된 아카데미소프트 홈페이지!!

▶ **선생님**과 더 가까이!
▶ 쉽고 빠르게 자료 **다운로드**
▶ 다양한 & **주요 정보**는 선생님과 **신속 공유!**

새롭게 개편될
2025년
아카데미소프트 홈페이지

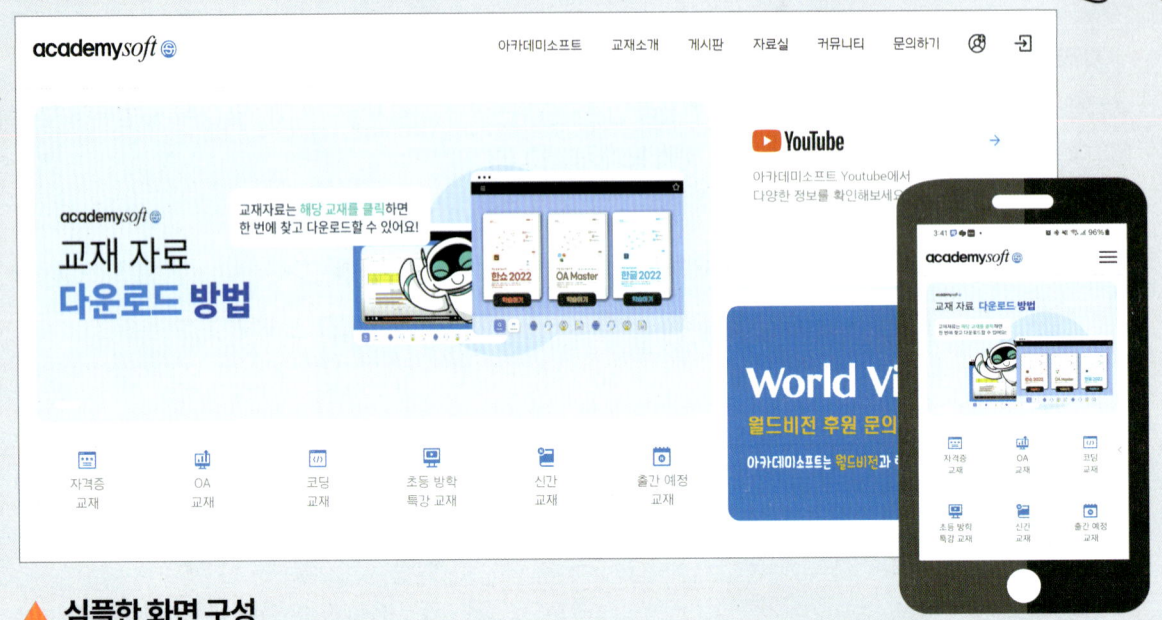

🔺 **심플한 화면 구성**
교재 정보와 해당 자료를 쉽게 찾을 수 있도록 구성하였습니다. 또한 바로 가기 메뉴에는 자주 사용하는 핵심 메뉴로 구성되었습니다. 또한 스마트폰과 태블릿 PC에서도 홈페이지 화면을 최적화 하여 모든 자료를 볼 수 있습니다.

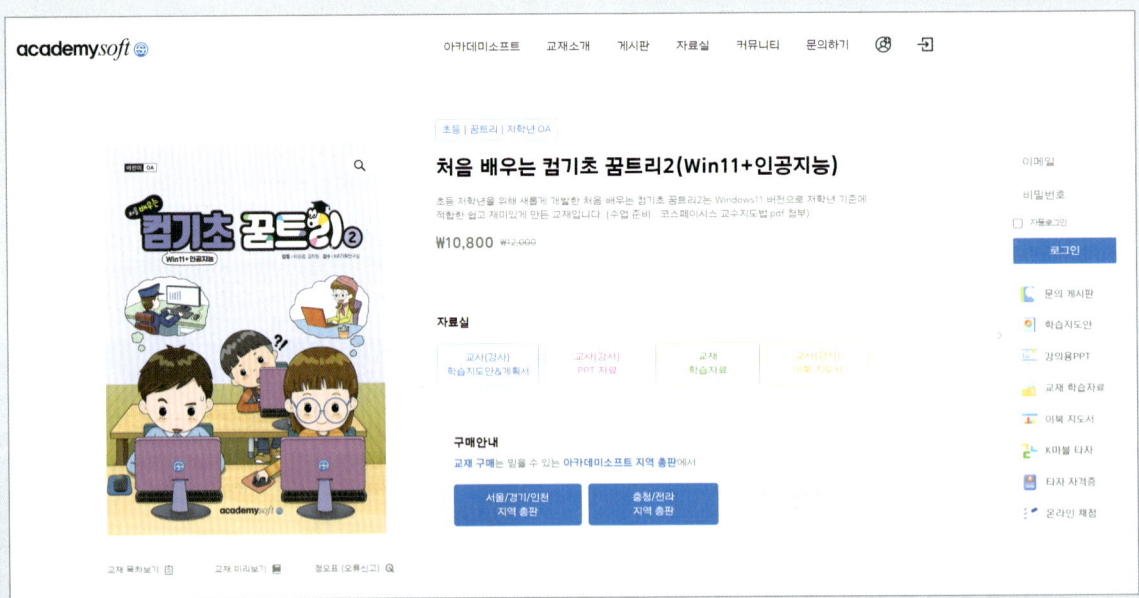

🔺 **원 클릭 다운로드**
교재 상세 페이지는 교재 설명과 자료를 모아 놓았습니다. 해당 교재 클릭 후 오른쪽에 쉽고 빠르게 다운로드 받을 수 있도록 메뉴를 배치 하였습니다.